# 神社本庁は原点に立ち戻れ

目次

## 第二章　積み重なる疑惑

## 第三章　あるべき姿を求めて

## あとがき

〈資料〉

# はじめに

令和の御代替わりを挟んだここ数年間は、日本が時代の転換期にあることを気づかせる出来事の連続であったと思う。

日本が近代になり初めて、先帝陛下の御譲位をうけて天皇陛下が御即位遊ばされた。御代替わりは、天皇をいただく日本の国柄を、時代を越えて国民が確認できる機会でもある。しかし、戦後政治の総決算を掲げる安倍政権は新元号の制定を政治主導で進めるなど、臣下としての役割から逸脱した振舞いを重ねた。そして翌令和二年、桜を見る会の疑惑や新型コロナ感染症対策の混乱に加えて、東京高検黒川検事長の賭けマージャン問題などが噴出し、安倍総理は持病の悪化を理由に官邸を去った。次の菅政権もコロナ対策が迷走する中、長男が在職する東北新社による総務省の接待問題などにより、支持率は低迷を続けている。

戦後政治は総決算どころではない。戦後政治の膿は政権中枢から官僚機構に至るまで染み渡り、こんなところで総決算したら国全体が破綻しかねないほど、日本社会は病んでしまっているのかもしれない。

そんな中、全国の神社を包括している日本の伝統文化の象徴のような存在である神社本庁では、この政治の混乱、低迷状況と歩調を合わせたかのように、執行部による強権政治と特定業者との癒着構造が続いていたことが、内部告発をしたために懲戒処分を受けた二人の元部長が起こした裁判を通して明らかになっていた。

一水会の木村代表よりこの話を聞いたとき、どこにでもありそうな問題だと思う一方、神社本庁という組織が日本の政治や国民生活に及ぼしている影響について関心が湧き、これは調べてみる価値があると思った。すぐに訴訟を起こした原告側の関係者にコンタクトを取り、さらに何人かの旧知の神職からも神社界の内部事情について話を聞いた。そして思うところをレコンキスタに書きはじめたが、裁判が長引く以上に話の種は尽きず、これまでに四十回を越えることになった。疑惑の構図はそうとう深いところで絡み合っている。

執筆にあたって、特に神社本庁の内情をめぐる問題については、「神社本庁の自浄を願う会」のウェブサイト情報が非常に役にたった。私の記事の強みは、これらの公表された情報を読み込んだ上で、今では私の師匠と言ってもいい神職の方々を通じ、関係者しか読まないような印刷物や資料にも目を通すことができたことだ。おかげで、神社本庁の歴史や神社制度の変遷についても、疑惑の背景にある問題として言及することができた。

最初から読み返すと、はじめのころは怪しかった神社界への理解も、後半以降はある程度、理路整然としてきたのではないかと自負している。これもひとえに、惜しみ無く協力してくれた関係者のお蔭であり、この場を借りて感謝申し上げたい。

今回、神社本庁を舞台に引き起こされた事件は、規模や舞台こそ違え、安倍政権下で取りざたされた森友学園や加計学園、そして桜を見る会などの問題と同質のところがある。ただ、これらの問題について政権側は、自分たちが日々直面している国家レベル、世界レベルの問題と比べ小さな問題であると甘く考えていたのだろう。結局その思い上がりが命取りになった。森友問題では安倍総理が責任を回避し、忖度した財務省が無理な隠蔽工作をしたために自殺者までだしてしまった。政権の誤った判断が問題を大きくしていったのである。

この安倍政権の失態と比較すると、神社本庁の問題は神社界にとっては質も規模も、政府にとってのモリカケ問題などよりはるかに重大な問題のはずである。しかも疑惑の中身をみれば、責任をとるべき人たちは最初から一目瞭然である。裁判がある程度進めば神社本庁の執行部は入れ替わり、事件は解決するものと思っていた。

ところが、神社本庁全面敗訴の地裁判決が下された今現在まで、「田中—打田体制」と称される神社本庁の権力構造は変わっていない。提訴から一年経った平成三十年に田中総長の辞意表明はあったが、直後に撤回し、これを契機に田中—打田体制の結束は一層強まった感さえあった。鷹司統理を誹謗する怪文書まで出回り、令和元年五月の役員改選で田中総長は四選を遂げるなど、田中—打田体制は揺るがないように見えた。しかし、理事選挙で不正が行われた疑惑が露見するなど、田中—打田体制下でまかり通ってきた汚い手口の数々が明らかとなり、その化けの皮は徐々に剥がれていった。昨年二月、三月の証人尋問では田中総長、打田会長は出廷せず、その子飼いの面々が顔を揃えた。このこと自体が、田中—打田体制がつくりあげてきた強権構造の性格を示すものだった。いやな仕事はすべて手下の役目なのである。

その後の新型コロナ感染症の蔓延は、別な角度から田中—打田体制の疑惑の構造を見事に炙り出してきたが、提訴から三年五カ月を経た本年三月十八日、東京地方裁判所は原告の主張をすべて認める判決を言い渡した。被告神社本庁の全面敗訴という当然の結果である。神社本庁は控訴したが、ここからが最後の勝負になるだろう。如何なる展開になるかは神のみぞ知るところである。

これまでの具体的な経緯は本文を篤とご覧いただきたいが、願わくは本書をたくさんの神社関係者の方々に読んでいただければと思う。関係者にとっては耳障りな内容も、あるいは解釈を全く異にする部分もあるだろうが、まずは神社本庁の現状を直視してほしいと願っている。

これから神社本庁が自浄できるか、自壊するかは神様にしかわからないだろうし、神社本庁がなくても困る神社はあまりないだろう。しかし私は、神社本庁が自浄から再生へと進んでゆくことを心から望んでいる。それができるかどうかが、全国各地の神社の将来にも、日本人の未来にも、確実に関わっていると思うからだ。

藤原　登

# 序章

## 神社本庁の憂うべき事態・潔斎なき職権の専横！

### ■メディアでも様々な事態が報じられる……

最近神社本庁をめぐって取り沙汰されている二つの問題（全国有力神社の離脱続発問題と、土地取引に関する疑惑問題。二四頁参照）について編集部名義で取り上げたところ、それと前後した形になったが、相次いで両事件の続報が新聞報道されたので紹介しておきたい。

まず前者についてだが、平成二十九年十一日付の「朝日新聞」夕刊で今度は、東京は深川の富岡八幡宮が本庁を離脱したとの報道が出た。

記事によると、今回の原因もやはり人事問題とのこと。なんでも先代宮司が退任し、その娘を後継宮司にするよう何度も具申したにも関わらず、六年もの間、なんの発令もされず放ったらかしにされたままだったのが離脱の理由だという。

また、全国約四万四千社からなる八幡宮の総本山、大分県は宇佐八幡宮でも、次期宮司を巡る対立が起き、何と同八幡宮の宮司を千年以上も務めてきた家柄の権宮司が罷免されてしまい、その地位確認を巡る裁判が今も継続中だという。

この他にも石川県の気多大社や京都府の梨木神社など、有力神社が次々と本庁から離脱していく動きが絶えないのは、今、それらの神社で何が起こっているのか、誠に遺憾にたえない所である。

さらに後者についても、先月十七日付の「産経新聞」ほかにおいて、かねてより同疑惑を巡って怪文書を作成したなどとして本庁から懲戒処分を受けていた元幹部職員二人が、処分が無効であることの確認や未払い賃金の支払いなどを本庁に求める訴えを東京地裁に起こしたとの報道が出た。

本紙先月号でも触れた通り、この土地取引疑惑に関する真偽そのものについては、第三者である我々には到底判断のしようもない。

だがロクに真相解明の弁明もせず、逆にいきなり告発者を「懲戒解雇」などという「極刑」に処してしまった今回の本庁のやり方はまさに異様という他なく、例え疑惑が「シロ」だったとしても、今回の騒動で本庁が蒙ったであろうイメージダウンは計り知れないものがある。

神社本庁正面玄関

それにしても、やれ人事だの財産処分の争いだの、最近の神社本庁周りのゴタゴタは、あまりにも生臭すぎるのではないか。

「宗教も人の世の業である以上、未熟な点や不完全な点があるのは避けられない」と承知してはいるが、それにしても「浄・明・正・直」を以って価値の根幹となす神々へお仕えする方々なのだから、その辺りへの自覚が、もう少しあっても良さそうなものだ。

## ■「神社連邦」の構造的欠陥

そもそもこの神社本庁という組織自体、敗戦時のゴタゴタの中で急ごしらえされた「バラック小屋」的不完全さが、今も払拭出来ないままでいるのは、なんとももどかしいところである。

神社本庁を離脱した富岡八幡宮

昭和二十年十二月十五日、ＧＨＱはいわゆる「神道指令」を発令。欧米諸国すら類例を見ないような極端な「絶対的政教分離」原則を日本政府に押し付けた為、それまで神祇院の管轄下にあった全国の神社は、突如として野に放り出されることとなった。

かねてよりこの時ある事を覚悟して対策を練っていた葦津珍彦、吉田茂（皇典考究所）、宮川宗徳（神宮奉斎会）らの諸氏は、この緊急事態に際し、関係各方面に「神社制度改革に対する私見」を披露。これを叩き台とした話し合いの場が繰り返し持たれた結果、昭和二十一年二月三日、戦前から存在した「大日本神祇会」「皇典考究所」「神宮奉斎会」の三団体を統合させる形で「宗教法人神社本庁」が発足。純然たる民間団体として再出発をはかることとなったのである。

事前に対策を練っていたとはいえ、「神道指令」からここまで僅か四五日間の突貫工事である。急造組織であるがゆえの不具合があちこちに残されてしまったのも、だからやむを得ない事ではあったのだ。

その最たるものが、本庁全体の意思決定機関が、事実上全国の神職・総代から選出された「評議員会」たった一つしか無いという点である。

葦津案にもあった通り、本庁の組織体質は本来あくまでも「各神社の緩やかな連合体としての神社連盟」すなわち「横に連なる組織」としての「神社連邦」だったはずである。当然のことなからその「連邦」には、ピンからキリまで大小さまざまな組織が加入している。その結果必然的に、本庁運営の為の拠出金は、資金潤沢な大神社ほど多く負担せざるを得ず、しかもその資金の多くは自力運営も不可能な中小零細神社への補助金に廻さざるを得ないのが実情なのである。それでいて「緩やかな連合体」のはずの本庁から自社の人事にまで干渉が入るのでは、まさに踏んだり蹴ったりであり、それこそ大神社ほど「本庁に加入しているメリットが無い」と考えるのも、これでは当然のことであろう。

無論こうした問題は、この種の「横に連なる組織」では往々にして起こりがちな事ではある。

だからこそ例えばアメリカなどの連邦国家では、大小関係なく全ての州から一律に同一人数の代表者を出す「上院」と、各州の人口に比例して（民間団体なら加盟各団体の拠出金額に比例して）代表者の数に差を付ける「下院」との二院制（二重議決機関制）を敷くのが普通である。そして両院間で意見が食い違ったときには、例えば両院協議会を開く。または閣僚など役員の人事は上院の決議を優越させるが、予算の先議権などお金に関することは下院の決議を優越させるなど、両院間での権限分担を予め明確にしておくなどして、大小ある加盟国間の利害を調整する仕組みが、どんな「横に連なる組織」にも必ず存在するはずなのだ。

してみれば現在の本庁の意思決定機関は、言わば「上院だけで下院の無い連邦議会」みたいなものだ。戦後既に七〇年以上も経つというのに、こんな構造的欠陥を何時までも放置しておいて良いわけがない。

各神社宮司への本庁からの人事干渉問題についても同じことが言える。

もしも本庁側の主張通り、「各神社の後継候補が、人間的に余りにも宮司としての資質に欠ける」から世襲を認めないというのであれば、それこそ連邦裁判所のような独立した司法的機関を設け、公開の場で堂々と弾劾罷免決議をすればよいではないか。それを内輪の人事だけでコソコソと決めてしまうものだから「本庁は傘下神社の宮司代替わりに介入して職員を天下りさせ、地方神社を官僚的に支配したいらしい」という批判が起きるのも、これでは無理もないことである。

## ■原発推進加担への神罰？

それにしても、最近になってなぜ急に、こうした本庁の構造的欠陥に基づくスキャンダルが次々と吹き出すようになってしまったのだろうか。

関係者各位にとっては聞きたくない話かもしれない。しかし私には、どうしてもこれが、例の「上関原発」の一件を発端として始まった「神罰」であるようにしか思えないのである。

昭和五十七年、山口県は室津半島に上関原発を建設する計画が持ち上がる。だがその予定地には「四代正八幡宮」という神社の土地が二割も含まれており、平成十年頃から、神社側に土地買収が活発に働きかけられるようになったという。

当然のことながら当時の八幡神社宮司・林春彦氏は、土地の売却を一切認めなかった。当時宮司は『現代農業』(農山漁村文化協会)平成十四年五月増刊号に「人間・自然破壊の原発に神の地は売らずー神社、鎮守の森の永遠は村落の永続」と題した次のような手記を発表している。

「原発立地の焦点となっている神社地は、そもそも四代地区の祖先の人々の辛苦によって、神社永続のための基本財産として確保されたのである。神社地が、地域の人々によって八幡山と愛称されてきたゆえんであろう。そもそも、このような歴史的由来をもつ神社地を現代に生きる者たちの短絡的な経済的利益によって売却できるはずがない」

「鎮守の森や神社地なるものは、その根本の理念にかんがみても、現代に生きる者たちのために存在するのではなく、遠い祖先より受け継ぎ、未来の子々孫々に伝えゆくべきものなのである」

にも関わらず、本来この林宮司を全力でサポートすべきはずの山口県神社庁および神社本庁は、なんとアベコベに中国電力や当時の自民党政権側に付き、林宮司を追放するための様々な圧力、嫌がらせを始めたという。そしてついに平成十五年、林宮司は解任され、その翌年に本庁は神社地の中国電力への売却を承認してしまった。そして林宮司自身もまた、この件を不服として山口県神社庁を相手取って起こした裁判中の平成十九年、謎の怪死を遂げてしまったのである。今回の一連の離脱騒動の発端ともいえる明治神宮の離脱（後に復帰）が平成十六年であったことを思えば、この一見無関係そうな両件の間に、なにやら因果応報の匂いを感じ取らずにいられないのは、果たして私だけであろうか。

繰り返しになるが、「随神（かむながら）の道」における価値観の根幹は、あくまでも「浄・明・正・直」である。そして原発こそは、一旦事故を起こしたが最後、広範囲の国土を十万年以上にも渡って使用不能にする、まさに究極の「穢れ」そのものなのだ。

現在、私の手元にある『三輪さん』その他の各神社の機関誌等を見ても、明確な「原発反対」の主張こそ無いものの、原発に対するそこはかとない嫌悪感は、神社関係者全体の共通感覚として、確かに感じられる。

何も反日サヨクが主導する反原発運動に積極的に参加しろとまでは言わない。だが少なくとも「自民党の（他の政策には賛成できても）原発推進政策だけは賛成できない」として「（原発推進政策限定の）非協力宣言」くらいは、神社界の総意として出す必要があるのではないか。そして上関原発の問題についても、裏で何があったか全て明らかにしていく。

その程度の「禊ぎ祓い」も自力でこなせないようでは、「八百万の神々の怒り」は、これからも繰り返し本庁の上に降りかかってくるのではないだろうか。

（平成二十九年十一月・早乙女好雄）

**神社本庁元職員の懲戒解雇は正当か？**
**公安情報に公務員法違反の疑い？**

全国約八万社の神社を包括する「神社本庁」をめぐって浮上した二つの大きな〝問題〟を「週刊ダイヤモンド」「週刊文春」などのメディアが取り上げ、世間の耳目を集めている。

まず、全国の神社が次々に神社本庁から離脱している件だ。「週刊ポスト」によると、平成十七年から十年間で二二四の神社が神社本庁を離脱しているという。離脱の理由で顕著なのは、神社の氏子たちから代々宮司の血脈で後継に推挙された人物を、神社本庁が承認せず、別の宮司を送り込んだために本庁と地元に亀裂が入り、ついに本庁離脱に至る、というパターンである。

二つ目は、土地取引に関わる〝疑惑〟である。一昨年、神社本庁が所有する職員用住宅の土地建物が、幹部の独断で売却され、買い取った不動産業者が即日転売して多額の利益を得ていたという。売却に係る手続き、価格、取引相手など、不審な点が多い案件であり、これを知った同庁のある部長が内部告発し、庁内に調査委員会が設置されたが、結局事実関係はウヤムヤのままで、告発文書は「怪文書」と断定され、くだんの部長氏は懲戒解雇の憂き目に遭っている。

実は、この部長氏、当初の問題が持ち上がった段階で、警視庁公安第三課の課員に〝檄〟として、公益性のあることとして、相談をしていたのだが、その課員は檄と題する情報を〝確認〟という名目で、逆に神社側にさやあてしていたというのである。つまり、情報を提供していた疑いがもたれている。その事実を知った部長氏は、東京都公安委員会に苦情を申し立て、事実の確認を行ったようだ。職務で知り得た情報を、意図的に第三者に流していたとすれば、地方公務員第三十五条の違反になる。この情報提供が、内部告発者を特定することになり、一方的な処断となった。部長氏は地位保全の訴えの中でも経緯を明らかにしていくとしている。

疑惑の真相が奈辺にあるのかは今のところ神のみぞ知るところだが、神社の離脱も含め、本庁周辺は穏やかでない。内部の権力闘争のようなものが引き金になっているとすれば、八百万の神々を嘆かしむる一大不祥事だ。本紙では引き続きこの問題を注視してゆく所存である。

（編集部）

神社本庁職員の懲戒解雇は正当か
平成29年10月1日付「レコンキスタ」より

## 神社本庁は原点に立ち戻れ
## 伝統文化の蘇生、発展のために人材育成に全力を尽くせ！

神社本庁が揺れている。それも尋常の揺れ方ではない。組織の屋台骨から揺れているように見える。

本紙前号一面で報じられた通り、現在、有名神社が神社本庁から離脱したり、宮司の人事を巡って神社本庁と争うなど、騒動が絶えない。そればかりか、二年前に売却した川崎市にあった職員職舎を巡って、上層部と癒着のある不動産会社に不当に安く売却したのではないかとの疑惑まで持ち上がっている始末である。この問題は更にエスカレートし、本庁側が疑惑を問題視した職員を解雇や降格の懲戒処分にしたところ、職員側は処分の無効確認を求めて神社本庁を提訴した。

関係者からの話を聞く限りにおいては、この裁判はどう考えても神社本庁の分が悪い。「東京新聞」などが報じた通り、疑惑を指摘した職員にいてもらうと困ることから、疑惑追及に対する報復的措置として下した処分に違いない。当然、他の職員に対するみせしめとしての効果も考えてのことだろう。

果してこれが全国の神社を取り仕切る神社本庁のやることか？　全国の民族派諸兄が畏

敬の念を持ってその謦咳に接してきた葦津珍彦先生が、その設立に奮闘された神社本庁の今日の姿なのか？　神社本庁に対し一刻も早い事態の収拾と正常化を求めるものである。

　このことについて、懇意にしている複数の神社関係者に意見を求めたところ、微妙なニュアンスの違いこそあれ、現在の神社本庁は、本来その組織を支える母体であるはずの神職たちから強い不信感を持って見られていることがわかる。今回の職員職舎の廉売疑惑はそれに拍車をかけたが、中には、「神社本庁の現執行部は組織を私物化している」と厳しく糾弾する声もある。

　もはやここまでくれば現執行部の刷新は時間の問題と思われるが、それでことが済む問題でもない。新しい執行部がどのような組織をめざすのか、それが明確かつ公明正大なビジョンのもとに進められなければ、早晩同じ問題が惹起することだろう。外部の人間が口を出す問題ではないかもしれないが、普段から氏神さまをはじめ神社を崇敬し、その伝統を大切にしたいと考えてきた日本人の一人として、敢えて提言を試みる。

## ■「私、日本人でよかった」と同じ構図？

　今年の四月、神社本庁が作成したポスター「私、日本人でよかった」が、マスコミなどでも話題にのぼった。モデルの女性が実は中国人であったことがわかり、何とマヌケなポスターとの意見がネットにも掲載されたが、問題の本質は、何の説明もなく「私、日本人でよかった」という、単純な愛国者にはある意味心地好いものの、その一方で、無垢な子供たちに変な誤解を与えかねないポスターを何の気なしに作ってしまう安易さではないか。内部でどんな検討がされたのかわからないが、組織としてのチェック機能が働いていれば、こんなことにはならないだろう。

たかがポスターというなかれ、一事が万事で、その事なかれ主義が今回の職舎売却においてもチェック機能がはたらかず、見逃してしまい、不当な廉価で神社本庁トップと関係の深い不動産会社への売却に至ったのではないか。これを画策した役職員たちはさぞかしほくそ笑んだことだろうが、今回はあまりにもおか

ポスター「私　日本人でよかった。」

しな点が多すぎたようだ。仲介した不動産会社が即日転売して大儲けし、更に最終的には神社本庁の売値一億八千四百万円を大きく超える三億円以上の価格で売却されていたことまで発覚するに至っては最早悪運もここまで、のはずであった。ところが何と神社本庁は、疑惑解明を期して副総長が中心となって設置した調査委員会を利用し、第三者による公正な調査の結果、疑惑は払拭されたとのたまい、疑惑を指摘した職員を懲戒委員会にかけて処分したのだから驚く。それだけでない。調査委員会を設置した副総長は退陣に追い込まれたというからただ事ではない。

解雇や降格の処分を受けた職員二名は、直ぐに処分の撤回を求めて神社本庁を東京地裁に提訴した。神社界の裁判沙汰はまたかの感じもするが、この労働裁判は、これまでの経緯を見れば注目に値しよう。

## ■宗教法人内部の問題は治外法権か?

そこでマスコミ各社がこの問題を追いかけているが、マスコミの取材に対して神社本庁側は、「対応を顧問弁護士に一任している」「宗教法人内部の問題なのでお答えできない、答える必要がない」という感じで対応しているようだ。

今の神社本庁が内部からも信用を得ていない最大の理由は、この本庁執行部の姿勢にこそある。そしてこの姿勢こそ、葦津珍彦大人をはじめ、神社界の先覚者と接してきた我等にとって信じられない、全く信じたくない神社本庁の背信行為ではないか。

葦津先生が幽世に旅立たれてより二十五年が過ぎたが、その間神社本庁は、神社界だけでなく、伝統の護持と神道的な価値観による社会の発展と安定を願う多くの人々の期待を裏切る方向に進んでいったとしか言いようがない。

戦後、神社は宗教法人に位置づけられることとなった。法的には新興宗教を含む他の宗教団体と同じ位置づけである。しかし、神社は本来、他の宗教と同列には論じられない、国家性のある公共的な存在であるはずだ。神社本庁の役割は、戦後の神社制度のジレンマの中で、神社の本来の姿を最大限に顕現してゆくための方途を講じることであったし、事実、戦後はそのような施策が採られてきたと考える。

ところがあきらかに、最近の神社本庁は、自ら宗教法人の位置付けに甘んじるだけでなく、他の法人と比較して公権力の及びにくい宗教法人の立場を最大限に利用しつつ、その運営に権力思考を持って臨み、全国の神社に対して威圧的に臨んできた。

しかし、全国の神社を力で統制できるはずがない。神社本庁が宗教法人なら傘下の神社も宗教法人なのだ。一般神社も神社本庁の真似をして宗教法人の立場を最大限利用するだろう。その一つが神社本庁からの離脱ではないのか。以前、日光東照宮や明治神宮が神社本庁から離脱した際には、神社本庁側はそれを神社の私物化であるとして、厳しく批判したのではなかったか。しかし今は、私物化された神社本庁に愛想をつかした神社が、神社本庁から離脱するという時代を迎えているのではないか。

## ■原点に戻る改革を！

親しい神職は、神職の資質の劣化、そして人材の払底を歎くばかりであるが、それはいつの時代でも、また神社に限らずどんな世界でも多かれ少なかれ言われていることである。しかし、神社の置かれた状況を見る限り極めて切実であろうと思う。それは戦前の国家神道時代からの断絶とも大きく関わる。すべてにおいて戦前がよかったと言い切るつもりはないが、神職の資質の面においては、間違いなくそれが言えるのではないか。

戦前の皇學館大学は官立であり、國學院大學は由緒ある私学として、神社界のみならず各界に人材を輩出していた。ところが皇學館は占領政策で廃学となり、私学として存続した國學院大學は、戦後の風潮の中で校風が次第に変質していった。

それでも、昭和時代の末までは、國學院大學にも、戦後再興した皇學館大学にも戦前からの気骨ある神道人は大勢おり、時代の巨大なうねりの中で、辛うじて神道界のあるべき姿を追求する基本姿勢だけは保たれていたのではなかったか。その最後の総決算が、昭和五十五年の神社本庁憲章の制定だったのではないかとは、ある神社関係者の弁である。

十一月二十三日付の女性セブンに「サーヤの祭主デビューに水差した神社本庁内紛の全内幕」と題する記事が掲載された。神社本庁の現役幹部A氏が登場して、今回の騒動は「神社本庁の現総長である田中恆清氏と№2のB氏による権力闘争です。」とし、B氏一派が職舎の不動産売買に目をつけ、田中降ろしに利用したというものだ。B氏とは、前述の副総長のことだろうが、そんなことがあるのかと関係者に尋ねてみると、「あるはずない」との弁。國學院と皇學館の出身者はそれぞれ院友・館友と呼ばれ、かつて「院館対立」なるものが表面化した時代もあったらしいが、今はそのようなことはないし、今回の職舎売却や離脱問題には、「院館対立」の影すら見えないという。なら

東京都渋谷区にある國學院大學

ば今回の女性セブン記事は、現役幹部A氏の自作自演という以外にない。A氏の話を信じて黒田様まで持ち出した記事を書かされた女性セブンこそいい迷惑だろうが、先にも言ったように神社本庁は今、組織全体が問われているのだ。一刻も早い現執行部の刷新と、組織の抜本的な改革を求めるものである。

そのためには、まずはそれを成し得る人材の育成と登用が図られなければならない。そのためにも神社界全体の決意のもとに改革に打ち込み、また國學院大學、皇學館大学においては、対立ではなく切磋琢磨することにより、神社界に優秀な人材を輩出できるよう期待したい。

（平成二十九年十二月・藤原　登）

三重県伊勢市にある皇學館大学キャンパスの入り口

# 第一章　職舎売却と地位保全裁判

## 怒りの狼煙をあげよ！　神社本庁を取り戻せ！

元神社本庁職員が懲戒処分の無効を求めて提訴した地位確認等請求事件の第二回口頭弁論が一月十八日に開かれた。この日、被告神社本庁から提出された準備書面は、原告の訴えに全面的に反論を加えるものであったが、事件の背景を知れば砂上の楼閣のような反論であり、誰がみても違和感を覚えるだろう。

疑惑が無いとトップが言っているのに、有ると言い張る原告等がよほど気に食わないのか、人格攻撃ともとれる反論を加えているが、虚偽と詭弁に満ちている。各種メディアが報じた不動産屋ディンプル・インターナショナルと神社本庁及び神道政治連盟のトップ同士の繋がり、そして神社本庁が一億八千四百万円で売却した百合丘職舎の土地建物が何度も転売され、最終的に三億円以上で売却されたという「事実」をみれば、誰もが背任があったと疑うだろう。被告神社本庁はこの疑惑の本質部分に対して、故意に目を背けている。自己矛盾に満ちた準備書面からは、現神社本庁現執行部の体質が滲み出ているかのようだが、改めて指摘したいのは、現在の神社本庁は設立の理念を完全に忘れ去り、私物化され、独裁体制と化していることだ。

被告側の主張の前提には、「神社本庁は宗教団体、宗教法人だから特別なのだ」という自己認識がある。そして、原告に対する今回の懲戒処分は、包括宗教団体である神社本庁が、包括下神社の神職に「神社本庁憲章、庁規その他諸規程に違背し、神職としての資質を著しく欠き、職務を怠り、信用を失ふ行為」があった際の処分を定める「懲戒規程」を適用したとしている。原告等は「全国神社の神職達の模範、手本となる行為を行わなければならない」のに、それに相応しくない行為をしたので、「懲戒規程」により処分したというものだ。もし、そうした事実があったのならばそれで結構だ。だが待てよ、その趣旨に照らせば、懲戒規程が適用され、処分されるべきは、原告の職員二人ではなく、被告神社本庁の田中恆清総長と、その盟友とされる神道政治連盟打田文博会長ではないのか。自分で自分に懲戒処分を下せないなら、せめて二人そろって神社界を去るべきではないのか。

しかし、そういう展開にはならなかった。宗教法人神社本庁の代表役員である田中総長は、その権限で独善的、恣意的に懲戒規程を解釈、適用して、職員二人に懲戒処分を下したのだ。

もしこんなことが許されるのなら、どこかの神職が総長批判の文書を書いただけで処分されるかも知れない。この記事を書いている筆者が神職だったら、いろんな圧力、嫌がらせを受けたあげくに、神社を追われるかもしれない。知り合いの宮司よれば、実際にそれに近いことが田中体制下では行われてきたという。

神社本庁は宗教団体だから、トップが背任をしても許される、それを不正だと告発する職員は、自由にクビを切れるという理屈を、何ら恥じることなく堂々と展開しているのだ。基本財産である不動産を幾らで何処に売ろうが、手順さえ踏めば(それも怪しいが)宗教団体内部の問題だから関係ないとは、呆れてものが言えない。

今回の職舎売却は、株式会社ならば特別背任罪にあたる重大な不正である。本誌の読者には、神社界の有力者と知り合いの方も大勢いるだろう。ならば伝えてほしい。

今の神社本庁は信仰心のカケラもないものどもによって乗っ取られている。全国の神社を支えるべき組織が、こんな面々に牛耳られていてよいはずはない。全国の宮司、神官、関係者は今こそ神社本庁に対して、怒りの狼煙をあげよ！　良識ある関係者の力を結集し、取り戻せと！

（平成三十年二月・藤原　登）

神社本庁が売却した百合丘職舎

## 神社本庁　自浄、再生への道を歩めるのか、隠蔽から崩壊へと向かうのか？

神社本庁の職舎売却疑惑について、二月七日付の宗教関係業界紙「中外日報」が報じている。その内容を紹介すると、これまで原則非公開とされてきた調査委員会の「調査報告書」を被告である神社本庁側が証拠として裁判所に提出したことでその内容が明らかになったとし、実際に五六ページの報告書を確認した記者が書いたものである。要点は、

○報告書には売却の経緯が記されているが、（聞き取り対象者の）氏名の表記がないので誰の証言かは不明。

○相反する証言があった場合の事実認定についても、その根拠は示されず。

○売却自体の妥当性や取引の適法性にのみ焦点が当たり、本庁執行部による「背任」、あるいは「善管注意義務違反」等についての検討はされず。

ということで、予想した通り結論ありきの杜撰な報告書であったということだ。神社本庁執行部が調査委員会を抱き込んでいた疑いが濃厚なわけで、第三者を偽装した調査により、不正の隠蔽を図ったという、良く耳にする話である。

とはいえ、実際にこの報告書を受けて小串副総長が辞任に追い込まれ、解雇などの処分

を受けた職員もいるのだから、悪知恵を働かせ巧妙な策略を使ったのだろう。しかし、これまでの経緯を顧みれば隠蔽もこれが限界だろう。二月一九日付の神社新報が二月八日に開催された神社本庁役員会の模様を報じているが、それをみると、神社本庁内部の深刻な状況が朧気ながら伝わってくる。

神社新報は、「百合丘職舎売却における新中間省略登記に関して、契約関係書類の複写配布と役員会・評議員会での再審議を求める発言」があったことを伝えている。この記事から、新中間省略登記で職舎を即日転売した不動産屋「ディンプル・インターナショナル」との間に結んだ売買契約書が、これまで役員会にすら開示されてこなかったことがわかる。神社新報は続けて「複写の配布は差し控へたいが関係書類の披見をはじめ所管部署への聞き取りに応じる旨を回答」などと淡々と報じているが、そこからは疑惑を解明しようとする役員と、あくまで隠蔽しようとする執行部側との、互いに一歩も引けない攻防が浮かび上がってくる。何れに理があるかは一目瞭然だが。

新中間省略登記で転売されたという事実は、神社本庁が全国の氏子崇敬者の浄財で成り立つ組織であることを考えれば余りにも不自然で、これはただの背任事件ではなく、計画的に準備された悪質な不動産搾取事件の疑いすらあるのではないかと考える。いろいろと噂されている事件の背後関係も気になるところであり、それ故にこそ、ディンプル社と結託していた神社本庁執行部は、これだけ傷口が深くなっても必死になって隠蔽を続けているのではないか。

この役員会では「御代替特別対策本部」の設置も協議されているが、対外的に信頼を喪失した神社本庁は、御代替りという皇室・国家の一大事にどう関与するつもりなのだろうか。神社を崇敬する国民として、現在の事態は到底容認出来るものではない。「神社本庁の自浄を願う会」に期待したいが、もはや自浄で再生できるかどうか、限界まで来てしまっているのではないか。

重ねて声を大にして訴える。良識ある神道人よ！　全国の神社関係者よ！　神社本庁は今、「崩壊の危機」を迎えているぞ。

（平成三十年三月・藤原　登）

## もはや泥船の神社本庁　敵前逃亡を許すな

### ■背信行為の隠蔽か

神社本庁（田中恆清総長）が川崎市百合丘に所有していた職員職舎を、田中総長の盟友とされる神道政治連盟の打田会長が懇意にしている不動産会社に不正に廉売した「百合丘職舎問題」をめぐる騒動は、おさまる気配を見せない。それどころか、昨年十二月に富岡八幡宮で起きた凄惨な事件とも絡んで、神社本庁は、その体質そのものが糾弾されるに至っている。

この問題を告発した職員二名が、「事実に反する疑惑を唱えた」と神社本庁から懲戒処分を受けたことに対し、処分の無効を求めて東京地裁に起こした裁判は、三月十五日に第三回口頭弁論が開かれ、原告側は被告神社本庁側の主張に全面的に反論する準備書面を提出した。これで双方の主張が明かになったようだが、原告の一人を懲戒解雇とし、もう一人に減給・降格の処分を下したことは正当であるとする被告の主張には、素人目にも無理がある。懲戒処分の理由は、どう考えても被告側が、自分達が主導した背任行為を隠蔽するためとしか思えないからだ。

しかし、原告勝訴で落着すればめでたいが、恐らく被告側は、一審、二審で負けても最高裁まで戦うつもりだろう。最終決着までに何年かかるかわからない。その間、神社本庁の田中総長、打田会長は組織のトップに居座り続け、良識ある声は一切無視して、隠蔽と逃げ切り工作を続ける魂胆と思われる。しかし、世間がそれを許すとは思えない。

## ■「腹の中で怒りのマグマが燃え盛っている」

この穏やかでない言葉は、昨年十月に開催された神社本庁の評議員会において、田中恆清総長が閉会挨拶で発したものである。三月二十四日号の『週刊ダイヤモンド』が、「神社・仏教大騒乱」という大特集を組み、百合丘職舎問題を改めて詳しく報じる中で、この田中総長の言葉を紹介しているが、この記事を読んでいて、最近、全くの別人から同様の言葉を聞いていることに気づいた。女子レスリングのパワハラ問題で、至学館大学の谷岡郁子学長が記者会見で発した「私の怒りは沸点に達した」という言葉である。田中総長も、谷岡学長も、共に組織を私物化する世間知らずの独裁者であり、思考回路が一緒だから同じ言葉が出てきたのだ。

この間抜けな谷岡発言の背景となったパワハラスキャンダルで、日本レスリング協会の動きが注目されているが、その会長である福田富昭氏は、「百合丘職舎問題」をはじめとする神社本庁の疑惑にもいたるところに顔を出す人物である。神社本庁が職舎を廉価で売却した不動産会社「ディンプル・インターナショナル」の高橋恒雄社長は、神社関係者が半ば強制的に買わされているという雑誌『皇室』の販売を独占するメディア・ミックス社の社長でもあり、両社は新宿区内の同じマンションに同居している。このメディア社の創業者が福田富昭氏であり、高橋氏とは日大レスリング部の先輩の関係にあるという。そして、福田富昭氏の周辺では、神社本庁田中総長や神政連打田会長と同様、北朝鮮も真っ青な独裁強権と疑惑の噂が絶えない。そこには、さわやかなスポーツマンシップの精神など微塵も感じられない。田中－打田両氏には、ケガレを嫌う神道の精神性が感じられないと神社関係者が語るのと共通している。田中－打田が牛耳る現在の神社本庁が、職員をはじめ全国の神社、神職に力で臨んでいるのに対し、日本レスリング協会は、女子選手を食い物にオリンピック利権を狙っているとしか見えない。共に金と権力の亡者であるが、公益法人であるレスリング協会は、いずれ公的機関から強制的に改善を求められるだろう。しかし今も、福田－高橋のメディア・ミックス社が、田中－打田体制の神社本庁と癒着し、季刊誌『皇室』の神社への強制販売などの「中抜き」ビジネスを続けているという構図は、あまりにも質が悪すぎる。

しかし悪運もここまでだ。その辺りの経緯は、週刊ダイヤモンドが図解入りで解説しているが、神社本庁をめぐる神社界の勢力図をみると、今の神社本庁執行部は、著名な神社や職員からも信頼を失っていることが明らかだ。まさしく沈没間近の泥船そのものだ。泥船の田中船長には、船と運命を共にする覚悟も使命感もないだろう。打田会長は泥船の延命工作に必至のようだが、不正に手を貸した神社本庁の総務部長は、親類が宮司をつとめる都内の有名神社に敵前逃亡宜しく転任するという。

泥船の乗組員たちよ！　船長が乗客を残したまま逃亡することのないよう、しっかり船長を監視しておくがよいだろう。

（平成三十年四月・藤原　登）

## 嘘に嘘を重ね誤魔化し続ける神社本庁の大醜態
## 関係者は毅然として正常化に進路をとれ

### ■提訴から一年　次々と浮かび上がる田中執行部の不正

神社本庁は昨年八月、百合丘職舎の廉価売却疑惑に端を発して、不正を告発しようとした職員二人を懲戒処分(総合研究部長の稲貴夫氏が懲戒解雇、教化広報部長の瀬尾芳也氏が減給降格)に処した。これに対し二人は処分の無効を求めて昨年十月に神社本庁を提訴。以来一年にわたり東京地裁で審理が行われてきたが、その過程で神社本庁側の不正を裏付ける証拠が次々と浮かび上がって来た。加えて無理が通れば道理が引っ込むと、役員会、評議員会などの神社界のお歴々が集まる会議でも疑惑の追求が始まった。田中執行部は、裏で神社本庁の人事全般を取り仕切る盟友の神道政治連盟打田会長とともに、必死に隠蔽とゴマカシを謀ったようだが、黒を白と言いくるめるのだから、嘘に嘘を重ねる以外に言い逃れの道はなかったようだ。

そしてついに今年五月の評議員会で、神社本庁の象徴的立場である「統理」が北白川氏から鷹司氏に交替。前統理から正常化を託された鷹司統理のもと、九月の役員会で吉田茂穂常務理事が裁判の和解を提案。これに対し賛成意見が出る中、田中総長はついに辞意を表明した。これに対して、総長の任命権を有する職にある鷹司統理が辞意の受け入れを表明。ここで田中総長は辞任したものと、その場に居合わせた誰もが思ったことだろう。

ところが、である。神道政治連盟の打田会長以下、田中総長が辞任して真相究明が始まり、職舎売却だけには限らない数々の不正行為が明らかになることを恐れる面々が辞意撤回の工作を始めたのだ。その経緯は前号に記したところであり繰り返しは避けるが、ここでも嘘に嘘を重ねて体制の存続を図ったことは裁判の対応とまったく同様であった。これでは舌がいくつあっても、閻魔さまでも抜ききれまい。

## ■評議員会での正当な議論を強権封殺

この絶体絶命の状況で自らの保身を図るためには、さらに強権を発動してもぐら叩きのように、「良識」ある役員、評議員の、田中－打田体制側からは「不穏」に見える動きを押さえ続けるしかない。

十月二十四日に開催された評議員会では総長の進退問題についての緊急動議が提案されたが、長時間にわたる中断を経て中山議長は、「動議は議題とするが、代表役員である総長の選任は評議員会の権限に属さないので議題としては不適当」（十一月五日付神社新報）として、結論としては議題としない不可解な判断を下した。田中ニセ総長体制を継続させる為の苦肉の策であったのだろうが、中山評議員会議長は評議員の意見を集約して裁定するのではなく、執行部とグルになって隠蔽に加担していることがこれで明かとなった。要するに今の神社本庁は、どこかの一党独裁体制の国家と同列なのだ。正常化を願っている人たちは、ただ単に、一＋一は二だと言い続けているに過ぎない。ところが田中ニセ総長と打田神政連会長には、一＋一が三でなければならない特別な理由があるということだ。こんな会議をしている今の神社本庁を、神代の昔、高天原に集い神謀りをされた八百万の神々は如何にご覧遊ばすだろうか。

## ■保身のため調査委員会にも強権介入か

職舎売却での背任の疑いが発覚してより、後に辞職した小串副総長の提案で真相解明のための調査委員会が昨年発足したとき、田中－打田側は様々な手を使って調査委員会に介入したと思われる。さすがに現役弁護士の入った委員会であるから「全く問題なし」の結論ではなかったようだが、ヒアリングで隠蔽側の関係者は口裏を合わせて対応し、何とか「手続きの上で違法行為はなかった」との結論を導き出させた。その上で、調査委員会の委員長をつとめた國分正明氏（神社本庁の理事であるから執行部側である）が、調査委員会報告には「著作権」があるとしてコピーを禁止し外部への流出に歯止めをかけた上で、田中ニセ総長は報告書の都合の良いところだけを繋ぎ合わせた文書を作成して各神社庁に配付し、「疑惑は払拭されて晴天白日のものになった」と嘯き、職員二人を処分したのだ。反抗する者は粛正するという全体主義の論理そのものである。言うまでもなく処分を受けた稲、瀬尾の両名は真実を追求しただけであるが、独裁体制のもとでは、真実を追求する者が粛正されるということだ。

## ■鉄槌下る時は近し

しかし、この不当な懲戒処分が田中─打田体制崩壊の第一歩となったのだ。「神社本庁の自浄を願う会」のウェブサイトに記載されている通り、裁判を通じて不正の事実が次々と明るみになってきている。職舎売却に限ってみても、新中間省略登記により売却物件の所有権が、神社本庁が売却したはずのディンプル社ではなく、神社本庁の同意のもとにクリエイト西武なる不動産会社に移っていたという事実について、神社本庁はまだ何も釈明していない。調査委員会がきちんと調査したというなら、その報告書を公開すれば済むことであるだろうに。

それればかりではない。調査委員会報告書が職舎売却の「止むを得ない理由」とした、危機管理のための「役務職舎基本方針」なるものが、実際には職舎を売却した翌年の平成二十八年四月に、それも当時の眞田秘書部長の決裁で、役員会は勿論、総長、副総長の判断も待たずに策定されたものであることが裁判で明らかにされたというのだ。そして、この役務職舎基本方針に基づいて百合丘職舎を売却し、新たに七千二百万円で代々木に購入した高級マンションに移り住んでいた当の眞田秘書部長は、ついに疑惑の追求にいたたまれず、今年の四月に宮司が親戚という明治神宮に禰宜として移籍したのだから心底驚いた。明治維新百五十年の年に、実に恐れ知らずの身の処し方である。因みにこの「役務職舎基本方針」は今年の三月に、今度は役員決裁により廃止されたというのだから二度ビックリである。

ともかく調査委員会は一体何を調査していたのかということが問われなければならないが、その杜撰な調査委員会報告を錦の御旗として黒を白と言い続けてきた神社本庁の現執行部も、どうやらその終焉の時が近づいて来たことだけは間違いない。

今回の神社本庁の大醜態に対して、いまだに態度を明確にしないどころか、田中ニセ総長を支持している役員関係者も存在しているようであるが、この際だから言っておこう。あなた方は物事の判断力が全く欠落しているのではないか。刑事事件に発展する可能性すら関係者の間で囁かれている問題であり、後になって「私もおかしいと思っていた」と言っても、すべて後の祭りなのだ。もはや残された時間はない。関係者は団結して田中―打田体制に毅然として対処し、正常化へ向けて舵を切るべし。

（平成三十年十二月・藤原　登）

## 足掛け三年目を迎えた神社本庁懲戒処分無効確認訴訟
## 裁判所が和解協議を指示　被告の対応に注目すべし

平成最後の年が幕を開けた。日本を取り巻く国際情勢から目を離せないが、今年、国民の最大の関心事は、今上陛下の御譲位をうけて皇太子殿下が五月一日に天皇の御位に践祚遊ばされ、新しい御代を迎えることだろう。しかし、新元号を四月一日に公表するとの政府の方針には心底驚いた。御代替わり前後の十連休とあわせて、政府は天皇の大権を蔑ろにし、国民を愚弄しているとしか思えない。

かつては政治と不可分であった神々への「まつりごと」に関しても、全国神社の元締めである神社本庁の醜態は止まらない。本号では、神社本庁現執行部が隠蔽する数々の問題を社会に提起するきっかけとなった、職員の懲戒処分の無効を求める裁判の動向について、最新情報も交えて報告する。

### ■無理を押し通してきた果てに

この裁判で被告神社本庁側の弁護をつとめる内田智氏は、数年前から神社本庁の顧問弁護士をつとめ、原告である職員二名に懲戒処分を下す時から関与をしてきている。その理由や量刑も含めて、そもそも懲戒すべき対象を誤ったとしか思えないこの処分にこそ、問題をここまで拗らせ、大きくさせた要因がある。

原告稲貴夫氏を懲戒解雇処分とした理由として被告側は、事実に反する告発文を役員二名に渡したこと、そして疑惑に関する内部情報を警視庁に漏洩したことなどをあげている。また、降格減給処分となった原告瀬尾芳也氏の処分理由については、神社本庁の部長会で、職舎売却について虚偽の発言をしたとすることなどの他に、驚くなかれ、二年前の「昭和の日をお祝いする集い」終了後の部下も一緒の懇親会で、「総長は稀代の大馬鹿者」との「暴言」を発したことが含まれている。面と向かって罵倒したのではない。それも単なる酒席だ。こんなことで懲戒処分になるなら、会社の宴席を密かに録音するだけで、気に入らない同僚を追い落とすことができるではないか。

内田弁護士は神社本庁側を全面的に信用して、もしくは信用することにして、依頼主である神社本庁の田中－打田体制を守るために、可能な限りの対処を試みてきたのだろう。しかし、そもそも弁護する対象が悪すぎた。不正行為を積み重ねてきた田中－打田体制である。それをあばこうとした職員に対し、解雇を含む不当な懲戒処分を断行して執行部を守ろうとした。田中総長が言うように疑惑は青天白日となり処分は正当なら、裁判を通してそれが証明されるはずであった。しかし現実はその逆で、次々と不正の事実が見つかり、いたたまれなくなった眞田秘書部長はまだ判決も出ぬ内に宮司と縁戚関係のある明治神宮に転出してしまった。後任の小間澤秘書部長はストレスで長期療養中との噂が出ているが、沈没寸前の泥舟はもはや岸にはたどり着けまい。内田弁護士はこの難局をどう舵取りするつもりなのか。

## ■和解協議で裁判は新たな局面を迎えるか

他人事ながらそう心配していたところ、裁判所から最後の助け船が出たようだ。「神社本庁の自浄を願う会」のウェブサイトでは、先月、東京地裁で行われた弁論準備において吉田徹裁判長より、次回三月の弁論準備で和解協議を行うので、双方で事前に検討してくるよう指示のあったことを報告している。

今後の裁判の行方は、和解協議における双方の出方にかかってこよう。裁判所による和解協議の指示は、職場への復帰を目指す原告側にとっても吉報だろうが、むしろ後のない被告側にとって、最悪の事態から組織を守る最後のチャンスとなるだろう。ならば原告側の主張を受け入れるよう、神社本庁執行部を説得するのが顧問弁護士としての内田氏のつとめである。

神社本庁はこれまで、客観的に見ても明白な疑惑の存在を、組織ぐるみで無かったものにしようとしてきたのだ。それも、公正であるべき調査委員会に介入し、その結果をもとに職員二人を処分するなど、用意も周到だ。海上自衛隊哨戒機へのレーダー照射を無かったことにしようとしている何処かの国と、やっていることは一緒ではないか。

であるが故に裁判となると状況は逆転。それどころか、北白川統理の退任に伴う鷹司新統理の就任と、田中総長の辞意表明もあって、田中－打田体制を支える神社本庁執行部は裁判どころの話ではなくなった。そして裁判で全面敗訴となれば、現執行部はもはや言い逃れ出来ない状況に追い込まれるだろう。こんな惨めな状況になる前に、きちんと状況判断して依頼主を説得するのも顧問弁護士の役割だ。

懲戒処分無効裁判は新たな局面を迎えようとしている。神社本庁執行部及び内田弁護士は裁判所からの和解協議指示に対して、どのように対応してくるか。関係者が注目している。

（平成三十一年二月・藤原　登）

## 証拠を突き付けられた神社本庁　もはや逃げ場はないぞ!!

本号が読者に届く頃には、政府が事前公表した新元号が大きな話題になっているに違いない。メディアの多くが、その出典に関する情報や国民の感想などを紹介していることだろうが、政府が元号を定める天皇大権を簒奪し、元号法の主旨を踏み越えて公表したという事実を我々は決して忘れてはならない。その主謀者が財界の意向をうけた官邸サイドなのか、それとも内閣法制局なのかはどうでもよいが、今回の政府対応は将来必ず、歴史の裁きを受けるであろうことを申し上げておく。

そうした中にも天皇皇后両陛下は、この度の御譲位を奉告するため、今月十七日から三日間にわたり、先月の奈良、京都に引き続いて伊勢神宮に行幸啓遊ばされる。その伊勢神宮を本宗として、全国約八万の神社をたばねているのが代々木にある神社本庁だ。その最近の行状は、政府とはまた別の意味で許し難く信じられない限りだが、こちらは歴史の裁きというのもおこがましい。関係者は遠からず法律により裁きを受けることだろう。その理由を本号でもとくとお目にかける。

## ■職舎の最終売買価格が判明

執行部の長年にわたる不正が発覚するきっかけとなった職員職舎の廉価売却。神社本庁が一億八千四百万円で売却した職舎が、そのわずか半年後に、㈱中央住宅に三億円以上で転売されていたことを各メディアが報じていたが、この問題に関連した神社本庁職員の地位保全の裁判において、㈱クリエイト西武からの購入価格が三億五百万円であったことを㈱中央住宅が裁判所からの求めに対して回答し、「三億円以上」が事実であることが証明された。その差額は神社本庁の売却額の三分の二にあたる一億二千百万円になる。これがどこに消えたのか？　神社本庁が契約したのはディンプル社であるにも拘わらず、同社はクリエイト西武に即日転売し、登記上は後者に売却したことになっているのであるから、私が神社本庁の立場ならこれらの事実が判明した段階で、両社に対し損害賠償を請求するだろう。もしこれに応じないなら詐欺罪で刑事告訴するしかない。しかし、何故か神社本庁にそんな気配は見られない。始めから合点承知之助だったからだ。ならば教えてあげよう。このような不動産売買を進めた役職員の行為を世間一般では「背任」と言うのだ。

## ■黙殺された氏子総代からの意見書

神社本庁には百六十人ほどの評議員がいるが、神職ばかりでなく、神社で氏子総代等に就いている人たちもいる。その一人で、福井県で司法書士を営む井上一男さんは職業柄不動産売買にも詳しく、今回の職舎売却の「手口」を解説するとともに、「第三者委員会」の調査は信用できず「疑惑」は益々深まっているとする意見書を神社本庁に提出していた。文面からすると昨年中に神社本庁に出されたようだが、執行部はいつもの通り黙殺したらしい。井上さんはさすがにたまりかねて公表に踏み切ったのだろう。前記の売買価格とともに「神社本庁の自浄を願う会」のウェブサイト(jiijyo. jp)で公開されているので全文はそちらをご覧戴くこととし、ここでは冒頭に掲げられている井上評議員の歌を紹介する。

売却経緯や、そのあり方に「疑惑、疑念」などがあるとして、数多の怪文書や、インターネット上でも様々な情報が飛び交うなかで、テレビニュースや週刊誌の記事ともなり、また、それを起因としての提訴があり、更には法人トップの辞意表明云々と進退問題までに発展した「神社本庁・百合丘職員宿舎売却問題」は、それらの「疑惑・疑念」解明の為として「第三者委員会」が設置され、そのチェックが行われたことは記憶に新しい処である。

また、その調査結果では、売却に関する契約内容や、契約に絡む「合意」とこれに基づき行われた所謂「新中間省略登記手続き」による第三者への所有権移転登記は、いずれも「正常」なものであるとして、調査報告書やその資料などの開示は無いまま、平成二九年秋および先ごろの本年秋、評議員会でそれこそは文字とおり口頭で「サラリ」と報告があったが、本問題はこれによって終結したとするのか?

ただ、「百合丘宿舎売却問題」は目下係争中の訴訟は別として、前記口頭報告のみをもって終結したとの考え方であれば、それこそは「うやむや」のうちに、そしてそれこそは「不得要領」のままで幕引きされてしまうものであろうか?

眞直（まっすぐ）と　示され信じた　神の道
脇道往くと　知れば哀しき
（春峰）　井上一男

井上一男氏の意見書

眞直ぐと示され信じた神の道　脇道往くと知れば悲しき

## ■追い込まれた田中―打田の末路は

御代替わりも何のその、嘘を嘘で塗り固めて自己保身を図り、疑惑を隠蔽してきた神社本庁執行部だが、その責任は余りにも大きすぎる。彼らは今も権力を握っているかのようだが、最早身動きのとれないところまで追い込まれてきたようだ。

今月はまもなく統一地方選挙があるが、御代の替わった五月には神社本庁の評議員会、六月には神道政治連盟の総会があり、役員が改選されるという。その後七月には参議院選挙が行われ、秋には世界各国から元首クラスの要人も参列する即位の大礼の諸儀式が営まれる。歴史の転換をも予感させるこの時期を神社本庁、神道政治連盟が疑惑まみれの執行部体制のもとで乗り切れるとは思えないが、現執行部が疑惑を隠し続けるには、田中―打田体制を存続させるしかない。それは不可能に近いが、前号で報じたように鷹司統理降ろしという悪辣な手段まで使った事実がある。神社界がいくら混乱しようがお構い無しの彼らが、死に物狂いで新たな手を打ってくるかもしれない。そこまでやるとしたら、職舎売却疑惑以上の大きな疑惑が隠されているのかもしれない。神社界と縁の深い国会議員の先生方もたくさんいるのだろうが、神社界のスキャンダルに巻き込まれないよう、交流のある神職たちの立ち振る舞いには充分注意をしておいたほうがよい。

平成もあと一ヵ月となった。神社関係者たちが慎みの心を持って御代替わりを迎えるのは当然としても、神々に恥じない行動が伴っていなければ意味がない。まことの心でこの事態に対処すべし。

目に見えぬ神に向かひて恥ぢざるは　人の心のまことなりけり

（明治天皇御製）

（平成三十一年四月・藤原　登）

## 地位保全裁判の証人尋問はじまる
## ディンプル社との長年にわたる癒着が明白に

神社本庁の部長をつとめていた稲、瀬尾両氏が、懲戒処分は無効として神社本庁を提訴した地位保全裁判の証人尋問が、二月二十日に東京地裁で行われた。次回三月九日の証人尋問では原告二人も法廷に立つ予定だ。本号では、平成二十九年十月の提訴より足掛け四年、いよいよ大詰めを迎えた裁判に至る経緯を振り返りながら、自壊へと突き進んできた神社本庁の姿を浮き彫りにしよう。

### ■事件の概要

平成二十七年十月、神社本庁は川崎市に所有していた二十一世帯が入居できる百合丘職舎を(株)ディンプル・インターナショナルという不動産会社に売却することを決議した。老朽化した上に代々木の神社本庁からも遠く、危機管理の役に立たない、という理由である。

しかしその一年後、売却に不正があったのではないかとの指摘がなされる。具体的には、売却直後に三億円の根抵当権が設定されたことから、売却価格の一億八千四百万円は不当な廉価ではなかったか？　売却先のディンプル社の高橋恒雄社長は、季刊誌『皇室』を全国の神社に販売している日本メディア・ミックス社の社長でもあり、高橋社長と親しい神道政治連盟の打田文博会長が画策したのではないか？　などの疑惑である。

この事態に、売却直前まで財政部長をつとめ、打田氏からの圧力などを実際に受けてきた瀬尾氏から相談を受けていた稲氏は、疑惑の存在を確信するにいたる。そして、職舎売却の真相と背景を綴った上で、正常化への行動を求める文書「檄」を作成し、小串副総長他役員二名に手交した。

年が明けて平成二十九年、真相究明を求める声が役員からおこり、調査委員会が設置されることになった。それでもなお執行部は執拗な隠蔽工作を続け、さらにディンプル社と反社会勢力との関係も疑われたことから、稲氏は知り合いの警視庁公安部の警察官に調査した資料を提供した。

しかし驚くことに、七月の役員会では、職舎売却はやむを得ない理由があり、手続きにも違法性は無いとする調査結果が報告された。執行部が調査委員会に圧力、あるいは調査委員会が忖度したというよくある話であるが、八月二十五日付けで稲部長は解雇、瀬尾部長は減給降格の懲戒処分を受けたのである。

二人は自宅待機中に実施された常務理事会で弁明したが、調査報告書を盾に不正はないとする田中総長以下に屈することなく、疑惑の存在、特に神社本庁側が頑なに否定する打田会長の関与を主張したために、重い処分が下されたというのが関係者の見方である。

## ■裁判で暴かれた不正の数々と神社本庁の醜態

そして、その年の十月、稲・瀬尾両氏は懲戒処分の無効を求めて神社本庁を提訴したのだが、本紙でこれまで報じてきた通り、裁判の過程で数々の不正が明らかになったばかりでなく、神社本庁執行部の驚くべき醜態も表沙汰になってきた。その一部を列記する。

裁判で提出された証拠には、

○調査委員会が職舎売却のやむを得ない理由としていた「役務職舎基本方針」は、眞田秘書部長が職舎売却の翌年、手続き上有り得ない「秘書部長決裁」で定めたものであることが判明。調査報告書の杜撰さも浮き彫りになる。

○神社本庁は評議員会でディンプル社への売却を決議した後に、中間省略登記により同社からクリエイト西武への即日転売を認める合意書に、役員決裁のみで押印していたことが判明。

○裁判所への調査嘱託により、百合丘職舎のクリエイト西武から㈱中央住宅への転売価格は三億五百万円であったことが判明。ディンプル社への売却価格が不当な廉価であったことが証明される。

○平成二十九年三月の部長会終了後、牛尾総務課長は打田氏の指示で瀬尾部長に圧力をかけたことを認める発言をしたと、原告側は主張していた。被告側はこれを否定してきたが、この牛尾発言を聞いていた眞田秘書部長は、その直後の臨時部長会で打田氏の関与を認める発言をしていた。その音声と記録を原告側が証拠提出。さらに裁判以外でも問題は噴出し、

○平成三十年九月、田中総長が役員会で辞意を表明。しかしその後、事実を改竄した総務部長名の文書を全国の神社庁に通知し撤回工作。

○平成三十一年三月、眞田秘書部長は神社本庁を退職し、親類が宮司をつとめる明治神宮に転任。関係者によれば役務職舎基本方針で嘘をついていたことが発覚したため、業務遂行が不能になったとのこと。

○昨年の評議委員会で田中総長が前例のない四選を果たすも、選考過程でのウソ、ゴマカシ、詭弁が表沙汰となる。

○裁判が始まってから約二年半の間に、約六十名の職員中、若手を中心に十五名以上が退職。その中には職員による暴力事件の被害者もいるというから、理由は推して知るべし。

## ■神社本庁自壊の現場を法廷で

二月二十日の証人尋問において原告側の立場で証言した旧神社本庁職員の葦津敬之氏（福岡県・宗像大社宮司）は、自身が経験した日本文化興隆財団ビルの売買などをめぐるディンプル社と打田氏との深い関係を、当時の記録をもとに証言した。そして被告側の眞田元秘書部長や木田元財政部長は、反対尋問や裁判長からの質問に、「記憶にない」を連発していたという。

今月九日の証人尋問では、被告側の小野崇之元総務部長、原田恒男元秘書部長に続いて、稲、瀬尾両氏が証言する予定だ。小野氏は神社本庁の総務部長を経て、百合丘職舎売却直後の平成二十八年二月に宇佐神宮の宮司に就任した。しかし、その直後から地元の神社や宇佐市民との信頼関係が悪化。宮司の罷免を求める署名活動まで起きているという人物である。

証人尋問は九日午前十時より午後四時まで、東京地方裁判所の五一〇法廷で行われる。裁判は公開されるので誰でも傍聴できる。自壊した神社本庁の姿を目の当たりにできるかもしれない。

（令和二年三月・藤原　登）

## 証人尋問で原告の稲、瀬尾両氏が証言
## 被告神社本庁は幹部職員の社内不倫が発覚

三月九日、職員職舎の廉売疑惑をめぐり神社本庁から懲戒処分を受けた元部長二名が提訴している地位保全裁判の証人尋問が東京地裁で行われた。二月二十日に続く二回目の証人尋問で、併せて原告本人二名を含む原告側三人、被告側四人が証言した。

被告側の証人は何れも職舎売却当時部長であった神社本庁の元職員であり、神社本庁を代表する田中総長と黒幕である神政連打田会長は出廷しなかった。職舎の不正廉売を子飼いの職員を使って画策したのと同様、裁判の対応も子飼い職員に「しっかりやれ」と指示しているのだろう。しかし、証人尋問を傍聴した関係者は、田中―打田両氏の関与を改めて確信したようだ。本号でそのあらましをお伝えする。

### ■被告側小野・原田両氏の証人尋問

最初に証言台に立ったのは小野氏である。神社本庁総務部長をしていた小野氏は、平成

二十八年に大分県の宇佐神宮に宮司として赴任した。ディンプル社への職舎売却にあたり、多大の功績を認められての栄転らしいが、八幡様の目は節穴ではない。小野宮司が赴任するや地元とトラブル続きで、宮司の退任を求める署名まで起こされている身分である。

証人尋問では小野氏が神社本庁と関係の深い財団の事務局長をしていた二十年前にも、財団ビルの不動産売買を取り仕切ったディンプル社に多大の便宜を図っていたことが判明した。その理由について問われると、「記憶にないが、役員の政治的判断によるもの」と、この世にいない人たちに責任を負わせる答弁を連発し、傍聴人の失笑を買ったようだ。

続いての原田氏は平成二十九年八月まで神社本庁秘書部長の立場にあり、稲、瀬尾両氏の懲戒処分を担当した元職員である。原田氏は何故か、処分をめぐる疑問点について問われても沈黙ばかり。何のために証言台に立ったのか意味不明というのが傍聴人の感想である。

## ■原告稲・瀬尾両氏が証言台に

後半は原告本人が証言台に立ち、まず瀬尾氏が答弁。被告側は頻りにディンプル社への職舎売却は、当時の瀬尾部長が進めたものであることを立証しようとしたようだが、被告側の証人たちが既に馬脚を現しているので後の祭り。瀬尾氏は当時、それが仕組まれたものとは知らずに、仲介を頼むと時間がかかる、売却価格がわからないと会議にかけられない、ディンプル社の高橋社長に任せておけ、などの指示を小野氏や田中総長から受けて、ディンプル社への売却へと方針を転換したのだが、そのことへの反省を述べた上で、被告側の主張にはしっかりと反論したという。

最後に証言した稲氏は、疑惑発覚後の自らの対応を陳述。瀬尾氏と同じく、反対尋問にも率直に答弁したので、被告側代理人の内田弁護士の威圧的な反対尋問が際立つことになったようだ。更に稲氏の証言により、小野氏が事務局長の立場で担当した二十年前の財団ビル購入の際に、ディンプル社が融資を受けた人物と反社勢力との具体的な繋がりまで明らかになったというから驚きだ。

## ■神社界は不倫に寛容？

問題は裁判の争点である職舎売却疑惑だけではない。三月六日にダイヤモンド・オンラインが神社本庁幹部であり、この裁判を担当する小間澤秘書部長と部下である秘書課長との不倫疑惑を、ラブホテルから並んで出てくる写真付きで報じたのだ。何とこの二人、二月二十日の証人尋問の際は仲良く並んで傍聴席に座っていたという。さすがに発覚直後の三月九日の証人尋問では謹慎しているものと思われたが、小間澤氏が一人で裁判を傍聴していたというから驚きだ。

神社本庁の対応に関係者が注目しているようだが、納得のいく処分がなされなければ、神社本庁は社内不倫にも寛大な組織と思われてしまうだろう。それとも神社本庁は、既婚者の男女関係にも寛容であった古代社会を理想としているのだろうか。しかしそれなら、ラブホテルなど使う必要はない。関係者によれば、小間澤氏は打田会長の子飼い筆頭の立場であり、田中総長は対応に頭を痛めている、というのが真相らしい。

## ■自壊まで秒読み態勢にはいったか

田中－打田両氏は疑惑が発覚した四年前の時点で、潔く身を引くべきであった。ところが、真相究明のための調査委員会にまで介入して疑

新宿区歌舞伎町のラブホテル前で

惑を隠蔽した上に、疑惑を指摘した職員二名を懲戒処分にした。処分を受けた職員から提訴されると、裁判の対応経過を役員会にすら報告せずに、正当な懲戒処分であるとごまかし続けて現在に至ったのである。

それだけではない。田中氏は一昨年の役員会で辞意を表明したのに、事実を改竄した文書を全国の神社庁に通知して辞意を撤回。昨年の神社本庁の役員改選では、対立候補を騙し討ちにして生き残り、四期目の総長の座を手にした。

しかし、その後も疑惑を裏付ける真相が裁判を通じて次々と発覚した上に、側近でもある秘書部長の不倫疑惑まで報道される始末となった。もはや断末魔に近いが、これまでの流れを振り返れば、田中―打田両氏は今も生き残りのために秘策を練っていることだろう。それは自壊への最短コースとなるに違いないが。

（令和二年四月・藤原　登）

## 地位保全裁判の判決は令和三年三月十八日
## 神社本庁の敗訴で田中ー打田体制は崩壊必至

職舎の売却に不正があったことを告発したために懲戒処分を受けた稲貴夫・瀬尾芳也の両氏が、処分の無効を求めて神社本庁を提訴していた地位保全裁判は十月二十九日に結審した。判決は来年三月十八日に言い渡される。本紙ではこの裁判が提訴されてより神社本庁の数々の疑惑を追求してきたが、神社本庁が敗れれば、併せて一連の不正の事実関係もより明白になるだろう。

しかし前号でも報じたように、神社本庁は控訴するつもりのようだ。要するに彼らには、権力の座にいなければならない理由があるらしい。ただ、居座り続けるために策を弄すれば弄するほど、自壊までの時間が少し延びることと引き換えに、自ら開けた傷口が大きくなるだけである。古今東西、権力に溺れた人間の典型的な末路だ。

それを裏付けるように、先月の最終弁論においては被告側より、その末路に相応しい準備書面が提出されたようだ。今号ではその主張のデタラメさを暴き出し、自壊への手向けとしよう。

## ■労働裁判に「信教の自由」で抵抗する神社本庁

十一月九日付の神社新報が最終口頭弁論の概要を報じている。

本裁判の最大の争点は、百合丘職舎の売却を巡る疑惑の有無である。疑惑が事実であったことは裁判で立証され、明らかに懲戒権の濫用であるとする原告側の主張に対し、被告側は、職舎は適正かつ適法に売却処分されており、原告は疑惑を立証できていないと主張する。しかし本紙読者には、被告側の主張が如何にご都合主義かおわかりと思う。

さらに驚くべきは、最終準備書面での被告側の主張である。神社新報によれば、「宗教的価値観に基づいて下した懲戒処分が仮に無効とされれば、神社本庁の包括宗教団体としての活動は機能不全となり、憲法が保障する信教の自由が破壊される」と主張し、「そのような結果を齎す判断を裁判所が下すことは憲法で許容しないはずである」と訴えている。こんな主張を堂々とするのは、神社本庁がすでに自壊している証拠である。その理由を以下に述べよう。

神社本庁は懲戒処分が無効なら、憲法が保障する信教の自由が破壊される、と主張する。確かに神社の代表者である宮司の任命権を持つ神社本庁は、傘下の宮司が神社神道の信仰に反する行為を行えば、宗教的判断による処分を下すことが出来るし、そうすべきだろう。

しかし、被告が懲戒理由として挙げていた事項は、告発内容に関する事実認識や情報漏洩、酒席での田中総長批判などであり、客観的に見て宗教的判断が必要なものなどない。そして何よりも原告二人は被告神社本庁に雇用されていた職員であり、神社本庁自身が労働法に基づき定めた就業規則に違反したとして、彼等を処分したのではなかったか（それさえ恣意的な解釈と運用による）。

要するに神社本庁が原告を処分した理由はただ一つ、原告が執行部の思惑通りに動かなかっただけのことだ。その思惑が法律に照らして正当なものなら処分は当然だが、不当なら処分は撤回されなければならない。それだけのことに信教の自由の問題が入り込む余地などない。

神社本庁側がこんなトンデモ論を持ち出してきたのは、恐らく不当解雇で提起された労働裁判を「信教の自由」の問題にすり替え、それを控訴するための大義名分にしたい腹積もりがあるからだろう。もしそうなら、被告側の考えとは反対に、控訴自体が神社本庁の自爆行為となるだろう。何となれば、こうした形で「信教の自由」を持ち出すこと自体が、神社本庁の存在意義を自ら否定することになるからだ。

## ■自壊から自爆へ突き進む神社本庁

帝国憲法が「日本臣民ハ安寧秩序ヲ妨ケス及臣民タルノ義務ニ背カサル限ニ於テ」信教の自由を認めていたのに対し、現行憲法は「信教の自由は何人に対してもこれを保障する」と定めている。条文を比較すると、帝国憲法が信教の自由に条件を付していたのに対して、現行憲法は無条件に認めているように読み取れる。これを以て現行憲法を民主的であると有り難がる手合いもいるが、令和の日本人も、信教の自由に対するこうした解釈が、あの忌まわしいオウム真理教事件の要因となったことを忘れてはいけない。

憲法で「信教の自由」が認められているからと言って、世俗的な領域においてまで何でも許されるわけではない。それが絶対的に許されるのは「思想・良心の自由」と同様、心の内面においてである。もちろん、「信教の自由」の及ぶ範囲の解釈は様々であり、軽々に論ずることはできないが、そんなことは神社本庁自身が良くお判りのことだろう。

平成七年のオウム事件を契機に宗教法人法が改正されたが、同年十二月四日に開催された参議院宗教法人特別委員会において、神社本庁の岡本健治総長が参考人として改正についての意見を表明した。岡本総長は、「日本の宗教の実情を、しっかりと押さへてゐない」現行の宗教法人法には、基本的に反対の立場であるとした上で、「今回の宗教法人法の改正は、望ましくはないけれども、信教の自由を叫ぶためには、それに倍して厳しく自らを律することが前提になるといふことを考へながら、一歩一歩進めたい。このやうに神社本庁としては現在考へ、賛成の意志を表明する」と、賛成意見を述べたのである（平成七年十二月十一日付神社新報）。

オウム事件から二十五年を経て、今は神社本庁が信教の自由のために自らを律するのではなく、それを隠れ蓑に不正を隠蔽し組織防衛を図る時代になってしまった。神社本庁は自壊を通り越し、自爆に向かっているとしかいいようがない。自爆がお望みならそれでもよいだろう。しかし、全国の神道人、神社関係者には、神社本庁崩壊後の神社界がどうあるべきか、社会とどのような関係を構築してゆくべきか、今から議論を進めておいていただきたいと願う。もはや時間は無い。

（令和二年十二月・藤原　登）

## 地位保全裁判・三月十八日に地裁判決
## 神社界は膿を出し切り再生へと進路を取れ

内部告発をした為に不当な懲戒処分を受けたとして、部長の職にあった稲貴夫(解雇)、瀬尾芳也(減給降格)両氏が神社本庁を提訴していた地位保全裁判の判決が、今月十八日に東京地裁で言い渡される。結論から言えば神社本庁に勝算はない。そのことは原告の応援団に過ぎない我々以上に、被告である神社本庁が承知しているはずだ。神社本庁の裁判への対応がそれを証明している。おさらいを兼ねてこれまでの経緯と事件の要点をまとめておく。

### ■問題の発端は百合丘職員職舎の不正売却

裁判の発端は、平成二十七年の百合丘職舎の売却問題だった。築三十年に満たない手放す必要もない職舎であったが、黒幕が操る子飼い職員数名を使って、遠隔地で不便だ、緊急事態の役にたたない、維持費がかかる、との悪いイメージを作り出した上で、不動産会社・ディンプル社に言い値の廉価で売却するよう仕向けていった。その黒幕が、同社の高橋恒雄社長とは二十年来の付き合いがある神道政治連盟の打田会長である、というのが原告サイドの見方である。

子飼い職員の芝居に他の職員も騙されてしまったが、不動産の登記簿はごまかしようがない。やがて不審をもった関係者が、職舎が即日転売されていた事実を確認。売却翌年の評議員会で問題が発覚した。

神社本庁は規則に則り評議員会の決議を経て売却したと説明したが、決議に至る資料には売買契約書はもちろん、売却先であるディンプル社の代表者名すら入ってなかった。これで通す方も通す方だが、性善説を良しとしてきた神社界の内情を知る田中－打田サイドが手玉に取ったのだ。

その後、不正売却を糾弾する差出人不明文書が出回り、神社本庁は窮地に立たされるが、執行部は対応を顧問弁護士に丸投げした上に、売却する前まで財政部長であった瀬尾氏に全責任があるかのごとく、これまた子飼い職員を使って吹聴し始めた。嵌められていることに気づい

ディンプル社の入るマンション

た瀬尾氏は稲氏に相談。稲氏は黒幕が打田氏であることを確信し、現状を記した「檄」と題する告発文を作成し、小串副総長他役員二名に手交したのである。

その後、役員の間から職舎の売却に至る経緯を検証すべしとの声がおこった。副総長の主導で調査委員会が設置されることになり、委員長を國分正明理事がつとめることになった。そして國分委員長が推薦した弁護士の委員二名による関係者のヒアリングが実施されたが、國分委員長はとんだ食わせものであった。調査の要点をはぐらかし、執行部寄りの調査報告書ができあがったのだ。それでもさすがに不正はなかったとまでは書けない。違法行為はなかったことでまとめるのが限界だったが、神社本庁は著作権を理由に報告書本文の複写を禁じ、都合の良い部分だけを公表して濡れ衣は晴れたと宣言し、平成二十九年八月に告発した稲、瀬尾両部長を見せしめに処分したのだ。

## ■裁判の提訴と異様な神社本庁の動き

当然ながら処分を受けた二人は、その無効確認を求めて平成二十九年十月、神社本庁を東京地裁に提訴した。そして長い裁判が始まったが、その後の神社本庁の動きは異常であった。その年十二月の役員会で、一致協力して裁判に取り組むことを決議しながら、後は裁判の報告すらなく、顧問弁護士の主導で裁判が進められていった。しかし今までの経緯を見る限り、そこには黒幕である神道政治連盟打田会長の姿が見え隠れしている。そして裁判が続く中、神社本庁は令和元年に役員の改選期を迎えた。もし、正常化を目指す候補が総長になれば裁判が和解して原告が復職する上に不正まで暴かれてしまう。田中－打田側は配下の神職を総動員して前代未聞の総長四選に突き進んだ。要するに不正選挙を堂々と行ったのだ。選挙で選ばれた理事の中から統理が総長を指名する臨時役員会では、過半数を占める田中派の理事が次々に田中氏の総長再任を連呼し、田中氏を総長に指名するように鷹司統理を追い込んでいったという。裁判を継続し、疑惑を隠蔽する

即日転売されていた百合丘職舎

ためにである。世が世なら切腹ものの所業である。

こうして田中総長が四期目の総長に就任して裁判は継続された。そして昨年の二月と三月に証人尋問が行われたが、被告側は田中氏も打田氏も出廷せず、代わりに子飼いの新旧職員四名が証言した。その模様は昨年の三月、四月発行のレコンキスタで報じているが、被告側証人は反対尋問や裁判所からの急所を突いた質問に対し、「記憶にない」を連発するか沈黙するしかなかった。

そして裁判は昨年十月に結審し、いよいよ今月十八日に判決が下される。結果は見えているので、被告としては控訴するしかない。しかし、そのためには大義名分が必要だ。そこで被告側は最終準備書面で突如、原告を懲戒処分したのは宗教的価値観によるものであり、これが認められないと憲法が保障する信教の自由が破壊されると主張したのである。

さらに昨年十月、コロナ禍を理由に京都のホテルで開催された評議員会では、裁判について田中派の評議員に「なるべく丁寧にご説明戴きたい」と事前に質問書を提出させた上で、会議では会場使用時間を理由に時間切れを演出し、質問には後日、文書で回答する形式をとった。そして被告側に理があるような虚偽の回答を作文し、全国の評議員に振り撒いた。「神社本庁の自浄を願う会」のウェブサイトにその詳細が掲載されている。

## ■神社本庁の疑惑と東京オリンピックとの接点

話は代わるが、日本のメディアは森喜朗氏に感謝状を贈呈するべきだ。取材の手間もからず視聴率や購読数のアップにつながる素材をこれほど提供してくれる人物は他にいない。女性蔑視発言をめぐる報道の過熱振りを見てそう思った。

そこで問題の二月三日に開かれたＪＯＣの臨時評議員会での会長挨拶の全文を読んでみたが、森会長の立場やポリシー、周辺が森会長にかけていた期待の程も良くわかった。

オリパラ組織委員会の会長として会議に臨んだ森氏はオブザーバーの立場だが、会議の冒頭四十分にわたって、オリンピックの主会場が晴海から外苑に変更された理由から、国立競技場の建設に至る経緯について、関係者の尽力を労いながら話を進めた。女性蔑視の部分はほんの僅かだが、話の流れの中で出てしまったのだろう。公的組織の代表としては問題だろうが、差別心を隠し持つ輩より、よほど良心的だと思う。

それより、挨拶の大半を占める自慢話は話半分としても、森会長の調整能力には驚いた。挨拶で触れた日本体育協会の会長就任や、新国立競技場の建設に伴う日本青年館の移転も、すべてオリンピックの開催が前提であったようだ。周辺は難しい交渉を自民党文教族の実力者で、最大派閥の清和会を率いていた政治家の森氏に頼った。人の良い森氏もその期待に応えた。その繰り返しで権力が森氏に集中し、余人をもって代え難い存在になったことがよくわかる。結局森氏は会長を辞任し新会長は橋本聖子氏に決まったが、森氏の子分でなければ務まらない仕事だ。

政略や利権の絡み合った東京オリンピックは、コロナ禍の中で開催そのものが窮地に立たされているが、その準備に至る過程でも、エンブレムの盗作問題や新国立競技場建設のゴタゴタなど失策が続いてきた。それればかりではない。オリンピックの裏側ではレスリングやボクシング、体操など、競技団体をめぐる不祥事が起きていた。

そもそも組織委員会やＪＯＣが本来の役割を果たしてきたのか疑問に感じるが、さらに驚かされるのは関係者の中に、神社本庁の田中―打田体制に近い人たちの名前があることだ。代表的な人物をリストアップしよう。

○森喜朗氏　田中―打田陣営との関係で言えば、首相就任直後に神道政治連盟の式典で挨拶した際の「神の国」発言が思い起こされる。当時、これを批判したマスコミ報道は明らかに意図的であったが、これを契機に森氏と神道政治連盟とは裏で一層密接に繋がったと思われる。当時、田中総長は神道政治連盟の総務会長、打田会長は事務局長であった。

○福田富昭氏　日本大学のレスリング部出身で、神社本庁の職舎を安く買い取り即日転売で大儲けしたディンプル社の高橋恒雄社長の先輩である。神社本庁が始めた皇室広報専門の季刊誌『皇室』を販売していたメディア・ミックス社の創業者であり、神道政治連盟の打田会長とは高橋社長と共に二十年以上の盟友関係にある。アテネオリンピック日本選手団の総監督をつとめるなど日本スポーツ界の重鎮であるが、反社勢力との関係が度々メディアで報じられてきたため、ナショナルトレーニングセンター長やＪＯＣ副会長の役職は退任した。しかし今も組織委員会の評議員に名を連ね、日本レスリング協会の会長に二十年もの間君臨している。

○國分正明氏　事務次官までつとめた文部官僚の出身で、前述の通り神社本庁の理事であることから職舎売却に関する調査委員会の委員長をつとめた。文部大臣を務めた森喜朗氏とは一緒にゴルフをする仲で、オリンピックとの関係で言えば、昭和六十一年から二年間、文部省体育局長をつとめており、関連のスポーツ団体とも接点を持っているようだ。

さて、神社本庁とオリンピックとの具体的な関係は不明だが、一つ言えることは、神社本庁が腐敗したのも、東京オリンピックが迷走を続けているのも、政治との癒着に原因がある。政治との過度な結びつきは利権の温床となり、結果として神道界にとってもスポーツ界にとっても、マイナスの効果しかもたらさない。

神道の精神はおおらかなものである。そこに悪事や隠蔽、差別があってはならない。スポーツが広く国民から愛好されるのも、スポーツマンシップの存在が信じられているからだ。それは武士道にも通じるものである。

内外ともに社会が転換期にある今、多くの国民が神道精神の復興を願っている。神社本庁は判決前から控訴の準備などをしている場合ではない。何れにせよ三月十八日判決後の展開が、神社本庁が自壊するか再生するかの分岐点となることだけは間違いない。

（令和三年三月・藤原　登）

JOCなどが入るビルと五輪マーク

## 地位保全裁判は原告全面勝訴
## 田中総長－打田会長は即刻辞職せよ！

内部告発をしたために懲戒処分を受けたとして、元部長の稲貴夫、瀬尾芳也両氏が地位の保全を求め神社本庁を提訴していた裁判の判決が、三月十八日東京地裁で下された。結果は予想した通り、懲戒処分を無効とする原告の全面勝訴だった。

### ■背任を信じるに足る相当の理由があると認定

この判決で特筆すべきことは、判決理由の中で百合丘職舎の売却における背任行為の存在について、それが真実であるとは認定されなかったものの、「原告が真実と信じるに足る相当の理由」があったことを明確に認めたことで、職舎売却の疑惑について司法による一定の判断が下されたことだ。原告側の主張の正当性が証明されるとともに、被告側が主張の論拠としていた職舎売却についての調査委員会報告の信頼性が、根底から否定されたことになる。それでも尚、被告が売却の正当性を主張するには、控訴し勝訴する以外に道はない。しかし、控訴をすれば逆にボロを出すだけだろう。

判決理由を読めば、田中総長、打田会長による背任行為の事実認定までは踏み込めなかったものの、両氏の関与については具体的事実をあげて真実性を認定していることがわかる。百合丘職舎の売却以前にも、ディンプル社は神社本庁関係の財団施設の取り引きを手掛け多額の利益を得ていたが、これにディンプル社の高橋社長と親しい打田会長が関与していたこと、また田中総長や打田会長配下の職員が、売却先がディンプル社に決まるよう、原告の瀬尾氏に影響を及ぼしていたことなどが事実認定されたのだ。故に百合丘職舎の売却が、黒幕とされる打田文博氏のもとで神社本庁の役職員とディンプル社が仕組んだ背任事件である疑い自体は濃厚なのだ。

補足をすれば、この裁判で原告側が背任の当事者であると主張していた田中総長、打田会長が証言する機会はなく、陳述書も出していない。要するに裁判から逃げていたので、裁判所が両氏による背任行為の真実性を認定するには限界があったのだ。ただ、両氏が証言台に立っていたとしても、都合の悪いところは「記憶にありません」と答えるしかなかったろう。そのために被告側の証人には、配下にある旧職員四人が立ったのである。もちろん彼らも、「記憶にありません」を連発していたようだが、もし正直に答えていたら背任の事実が認定されたかもしれない。

故に今後、一審で勝訴した原告側への協力者が出てくれれば、背任を決定づける証拠が提供される可能性もある。何れにせよ控訴しても、状況は神社本庁側に不利になるばかりで、一審判決が覆る可能性は限りなくゼロに近い。

しかし、それでも神社本庁は、判決当日に開催された役員会で判決内容も十分吟味しないまま、それも反対意見も出る中で控訴を決めたという。正気の沙汰ではないが、控訴に賛成した役員たちは、誤った判断の積み重ねによって、やがて到来する事態の深刻さに考えが至らないようだ。全く無責任極まりない人たちの集団である。

## ■地裁判決はディンプル社と反社との関りを重視

田中－打田体制はこれまで、ひたすら疑惑の隠蔽工作を続けてきた。疑惑を告発した二人の部長の懲戒処分もその一環だったが、提訴されて窮地に立った田中－打田両氏は、裁判を引き延ばして自らの延命をはかる手に出た。新型コロナ感染症の蔓延さえ、意見封殺のための会議の短縮や開催方法の変更に利用し、さらには恥じることなく虚偽の報告や説明を繰り出して、隠蔽と延命につとめたのである。そのため判決までに三年半もの時間を要したが、皮肉にもその間に、疑惑を裏付ける数々の証拠が蓄積されることとなった。中でもディンプル社と反社勢力との関係がここまで明らかになったことの意味は大きいだろう。

神社本庁は、確たる証拠もないのに百合丘職舎の売却には背任があるとして、憶測による告発文を作成して組織の秩序を乱したこと、また知り合いの警察官に相談したことは情報漏洩にあたることなどを理由として原告の稲氏を解雇した。しかし判決は数々の証拠をあげながら、先にあげた財団施設の売買の際にディンプル社は、暴力団に関係していた人物から融資を受けていたことなども認定した上で、公益通報者保護法の趣旨に照らし原告稲氏には、背任行為を真実と信じるに足る相当の理由があったと判断したのだ。その判断の根拠として、これまで被告側が表に出ないようにしてきた神道政治連盟打田文博会長の関与を明確に事実認定していることの意味は大きい。

　三月二十二日配信のダイヤモンド・オンラインは、判決後に打田会長に取材した模様を報じているが、「自分に嫌疑がかけられているのに、一審では証人に呼ばれることさえなかった」と、とぼけた発言をしている。三年前の「裁判で真実が明らかになるはず」（『週刊ダイヤモンド』・平成三十年三月二十四日号）

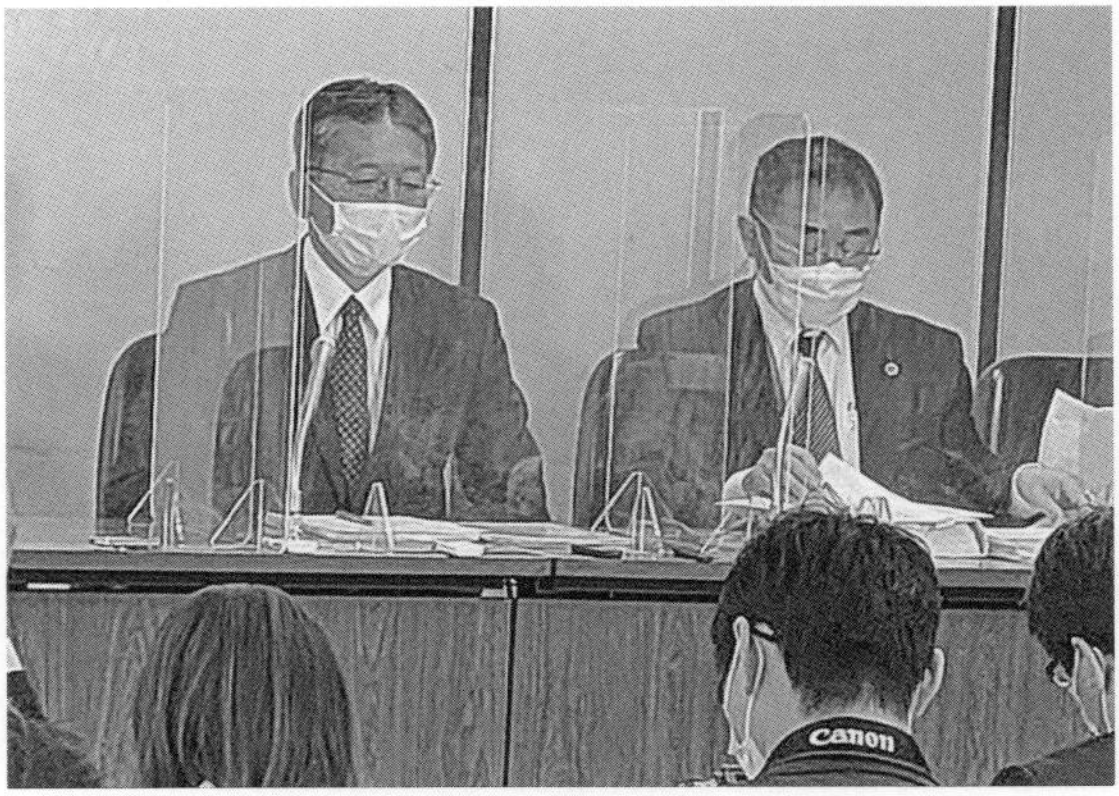


裁判では原告の主張がほぼ全面的に認められた

とのコメントと同様、保身のための苦し紛れの発言である。何故なら、打田会長の意向で神社本庁の顧問弁護士になった被告側代理人の内田智氏に頼めば、法廷で心おきなく証言できたはずだからだ。もちろん、控訴審でも打田氏は、決して法廷に立たないことだけは間違いない。

このままいけば早晩、泥舟と化した「神社本庁丸」は沈没するだろう。しかし前にも書いたが、二人の船長は乗客や他の乗組員の生命など考慮せず、船も見捨てて自分たち専用の救命ボートで密かに脱出する用意をしているかもしれない。乗組員が船と乗客を守りたいのであれば、即刻二人の船長を追放することだ。今が沈没前の最後のチャンスである。

（令和三年四月・藤原　登）

東京都千代田区霞が関 東京地方裁判所

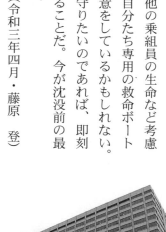

## 神社本庁役員会で田中総長以下が仰天発言
## 五月評議員会は神社本庁の自爆を防げるか

神社本庁全面敗訴の審判が下った三月十八日の地位確認訴訟東京地裁判決。実質上の完敗にも関わらず神社本庁は控訴したため、原告の稲貴夫、瀬尾芳也両氏の地位は回復されず、審理の場は東京高裁へと移った模様である。しかし、これまでの流れを見れば判決の確定はそう遠くない。神社本庁に残された手は裁判の引き延ばしだが、地裁判決を読んだ関係者の中には、これまで田中総長、打田会長及びその周辺が振り撒いてきた話が悪質なウソであったと知り、怒り心頭に発した人たちも多い。彼等のウソにはもっと早く気づくべきであったろうが、真実を知ったからには神社本庁の正常化のために行動を起こすのが関係者の責務である。

### ■役員会の仰天発言

四月二十六日付の神社新報は、同月十三日に開催された役員会の模様を報じている。地裁判決に対する田中総長の驚くべき見解や、鷹司統理の意向や全国の神社の状況など一顧だにしない田中派理事たちの驚くべき意見が掲載されているので紹介しておこう。

その一「職舎売却については、競争入札の定めがないことなど制度上の不備はあったものの、背任行為は認められないと判示されたことを強調」した上で、「解雇処分に関しては原告の勝訴だが、背任行為の事実確認では本庁の勝訴。解雇処分の適否より背任行為の実否こそ裁判の核心」との認識を示した。

その二「全力で控訴審に臨み、本庁・神社の利益を守る以外の選択肢はない」

その三「控訴しなければ、本庁の疑惑の存在や原告の主張が完全に認められたなどといふ誤った報道がこのまま世間に広がってしまふ」

その一は田中総長自らの認識のようであるが、国語の理解力が足りないようだ。確かに判決文には「背任行為は認められない」と記されてはいるが、これは田中総長及び打田会長が、百合丘職舎の売買価格の決定に具体的に関与していた事実については、その認定が困難であることを示したものである。しかし、背任行為としての認定は困難であるとしながらも判決文は、例えば「田中総長及び打田会長(の意を受けた牛尾課長)から、百合丘職舎をディンプル社に売却するよう示唆を受けた旨の原告瀬尾の供述は、十分信用に足りる」と、個々の疑惑は事実として認定しているのだ。故に役職員らの背任の事実を指摘した稲氏の告発文は、「真実であるとの証明がされたとは認められない」としたが、裁判によって明らかとなった数々の事実から、「田中総長及び打田会長が、本件売買に関して背任行為を行ったことについて、これを真実と信じるに足りる相当の理由があったといえる」と判断したのである。

その二、その三の発言者は不明だが、あなた方こそ「全力で本庁・神社の利益を失わせている」のだから、「控訴すれば、本庁の疑惑の存在や原告の主張が完全に認められたといふ正しい報道がより世間に伝はる」ことに繋がるのかもしれない。控訴は神社本庁の自爆行為である、という筆者の見解を反対側から補強していただいたことに感謝申し上げる。

何れにせよ役員会では、弁護団を補強し控訴審に臨むことをむりやり認めさせたようだが、田中総長以下神社本庁の現執行部には、全国神社の将来を思う気持ちなど微塵もないことは明白である。

## ■今月開催の評議員会に注目すべし

神社本庁では今月末に評議員会が予定されているが、前記した役員会をはじめ、これまでの裁判に対する執行部の説明と、今回の判決で明らかにされた事実との齟齬を質し、執行部の責任を明確にする機会としなければならない。評議員各位にはじっくり判決文を読んで、田中－打田体制により私物化された神社本庁で進められた異常な不動産取引の実態や、裁判の起点となった稲、瀬尾両氏が懲戒処分されるに至った経緯を理解してほしい。

稲元部長が四年前に告発文で指摘していた通り、疑惑の張本人が神道政治連盟の打田文博会長であることや、瀬尾元部長へ圧力を加えた田中総長や打田会長の子飼い職員の役割がよくわかるだろう。評議員会において執行部の責任をとことん追求し、裁判で明らかにされた事実関係を梃に真相解明を求め、神社本庁正常化への道を切り拓くことが、包括下にある八万神社及び関係者の負託に応えるための第一歩である。

また、先月号でも触れた通り、裁判で明らかになった不正行為は百合丘職舎の売却だけではない。二十年以上前に実行された現在の日本文化興隆財団の事務所ビル移転に関わる不動産取り引きに際して、ディンプル・インターナショナル社が深く関与し、何のリスクも負わずに莫大な利益を得ていたこと。当時は神社本庁の渉外部長であった神道政治連盟の打田文博会長が、何故かその取り引き業務を担当していたことなど、疑惑を裏付ける数々の事実が判決文には記されている。

評議員会は、これらの田中―打田体制下で積み重ねられてきた不正行為に対して、白黒をつける絶好の機会である。

神社本庁はまたも新型コロナの蔓延に乗じて、会議を延期、あるいは書面決議に代えるなどの対応を取る可能性があるが、神社本庁がどんな手を打つにせよ、評議員一人一人が神社本庁正常化への気概を持って会議に臨むことを期待する。

（令和三年五月・藤原　登）

# 第二章　積み重なる疑惑

# 浄明正直の精神は何処へ
# 神社本庁の許されざる大罪

神社本庁及び神道政治連盟のトップが絡んだ神社界のスキャンダル。神社本庁より懲戒処分を受けた職員二名が処分の撤回を求めて神社本庁を提訴したことに呼応して「神社本庁の自浄を願う会」が旗揚げされ、原告の支援や真相究明の活動をはじめるなど、神社界を揺るがす前代未聞の事態が続いている。気になるのは、普通なら針の筵状態と思われる二人のトップ、神社本庁の田中総長と神道政治連盟の打田会長の状況であるが、周囲を子飼いの人間で固めて、必死の防戦につとめているようだ。そのエネルギーを神社本庁そして神道政治連盟の本来の活動に注いだら大変な成果があがると思うが、もはやそれどころではないのだろう。もともと、彼等の目的は別のところにあったのだ。彼等の本質は神職でも神道家でもなく、物欲と権力欲にまみれた俗人なのだ。一日も早い神社本庁の自浄を願い、今号でも関係者への取材をもとに神社本庁執行部糾弾の狼煙をあげる。

## ■浄明正直の精神と不正の数々

神職になるには「階位」という神社本庁が認定する資格が必要で、それは上から「浄階」「明階」「正階」「権正階」「直階」の五段階になっている。これは、浄（きよ）き明（あか）き正（ただ）しき直（なお）き心—浄明正直—という、宣命などに使われた言葉からとられたもので、清浄で正直であることを尊ぶ神道精神を表しているという。

この階位とは別に、経歴によって神職の階級を表す「身分」を神社本庁が定めており、上から「特級」「一級」「二級上」「二級」「三級」「四級」となっている。この身分に対応して、紫や浅葱（あさぎ）など、神職が身に着ける袴の色が決まっているとのことだが、当然、田中総長、打田会長は浄階且つ特級という、神職としての最高の地位にある。しかし、彼等がこれまで主導してきたのは浄明正直の神道精神とは真逆の、神職としての風上にもおけない行為の数々だ。その一部を次に列記する。

○「危機管理の役に立たない」として入居していた職員を追い出し、川崎にあった百合丘職舎を知り合いの不動産会社に安く売却した。

○この背任行為がバレて真相究明の声があがると、そのための調査委員会に介入し、調査報告書本体は非公開にして、不法行為はなかったと嘯き、告発した職員を懲戒処分にした。

○処分した職員から処分は無効だと訴えられると、ことの真相は、「辞職した小串副総長や懲戒解雇にした稲部長らによるクーデター」だとヌケヌケと主張した。

これが神職の、それも神社界のトップにあるものがやっている振舞いである。それも、裁判という公的な場で、「原告によるクーデター」と堂々と主張しているのだから、呆れて二の句の継ぎようがない。

## ■宇佐・富岡問題の本質

組織構造のしっかりした株式会社や公益法人なら、最初の段階で二人のトップは組織から追われているだろうが、これらはあくまでも不正行為の一部に過ぎないのだ。この他にも各種メディアが報じている通り、宇佐神宮や富岡八幡宮など、宮司の人事を巡る執行部の強権的な対応で、神社本庁はその地元に大変な混乱を引き起こしてきた。宇佐神宮では、神社本庁が地元の意向を無視して無理矢理押し込んだ小野宮司が地元とトラブルを重ねた結果、宮司の罷免を求める署名活動が起こされているが、この小野宮司こそ、神社本庁総務部長時代に百合丘職舎売却を事務局で主導した張本人なのだ。宇佐神宮宮司就任は、職舎売却を「成功」に導いた論功行賞との専らの噂だ。組織に損害を与えて栄転するとは恐れ入る。

一方の昨年十二月に起こった富岡八幡宮での富岡長子宮司殺害事件は、神社本庁離脱後の事件なので、本庁執行部は胸を撫で下ろしたことだろうが、元宮司の弟が現宮司の姉を殺害するに至った理由は、姉が神社本庁を離脱して宮司代務者から宮司になったことにあり、その離脱の責任は、姉を六年間宮司代務者のまま放置した神社本庁側にあるというのが、周辺関係者の一致した見方である。

ここまで書くのは、これまで神社本庁の設立と発展に勢力をそそいでこられた方々のことを思えば本当に忍びないことだ。それでも書かざるを得ないのは、神職をはじめとする神社関係者の大半が、浄明正直の精神に生きていることを、私は何人かの関係者との交流から十分に熟知しているからだ。ならばこそ再び、全国の神社関係者に訴えよう。これらトップの不正行為の数々を断じて許してはならない。強権政治のもとで苦しめられてきた多くの関係者の声なき声を聴くのだ。自浄のために奮起せよ！

（平成三十年八月・藤原　登）

腐りきった神社本庁へ正義の声を挙げ、行動せよ!

## ■組織のトップの責任とは

職員用職舎売却に際しての不正行為など、神社本庁をめぐる疑惑の数々は、いずれもいまだ解決には遠い状況にある。しかし神社本庁執行部の面々は、日本大学やレスリング協会、ボクシング連盟など、自分たちと同様、私物化で腐敗した組織の末路をメディアを通じて見せつけられ、明日は我が身かと生きた心地がしないのではないか。生き残り工作をまだ続けるつもりなら、メディアの突撃取材や記者会見での対応方法など、早めに練習しておいた方がよい。何れにしろ、自らが引き起こした不祥事の数々を国民の前にさらけ出すだけで終わるだろうが。

神社本庁執行部が護ろうとしているのは、神社本庁でも、ましてや全国の神社でもない。人事権を悪用して飼い馴らした職員を強引に有力神社に送り込み、全国の地盤を固めて関係筋から金を吸い取るという利権体制ではないのか。最近話題の日本大学、レスリング協会、ボクシング連盟も同様に、トップの利権体制が問題視されたのだ。ボクシング連盟がいち早くトップを退任に追い込めたのは、山根前会長が反社勢力との交流を悪びれずに認めたこともさることながら、関係者が利権の具体的な証拠をあげて関係各所に告発したことが大きな力となったに違いない。それでも、ボクシング連盟は二年後の東京オリンピックに選手を送り出せるか、瀬戸際の状況にあるようだ。

この三団体は、純真に勉学やスポーツに励もうとする青少年を食い物にしてきたわけだが、神社本庁現執行部は、心を込めて神社にお参りしている何千万人もの国民の信頼を今も裏切り続けているのだ。神社本庁の大罪は、全国の神職のみならず何千万もの氏子・崇敬者に対する背信行為である。神社本庁が包括する神社の中には、皇室と極めて深いつながりのある神社のあることを考えれば、今の神社本庁は国体を汚す不敬極まりない存在ではないのか。

## ■暴力事件の不可解な結末

さらには、六月末に神社本庁で起きた暴力沙汰の驚くべき顛末を八月六日配信のダイヤモンド・オンラインが伝えている。神社本庁の宿直室で飲酒していた幹部職員が後輩を殴りつけたという、ここまでの記事を読む限りでは、どこでも起こり得るような事件だったかもしれない。しかし問題はそこからだ。なんと被害者の職員は七月末に依願退職。加害者の幹部職員は口頭注意に始末書だけで具体的な処分はなかったというから訳がわからない。さすが、百合丘職舎を実際の半分の価格で悪徳不動産会社に叩き売った当事者を有名神社の宮司や権宮司に据えて恥じるところのない神社本庁の面目躍如というところか。しかし冗談ではない！　良識ある関係者は皆、腐りきった組織の成れの果ての姿をそこに見ているだろう。

## ■正義の前に敵は無し

折しも、今年は明治維新一五十年の年。維新の志士たちは、外圧を前に毅然と対応できない幕藩体制の現実を直視し、自ら率先、日本全体の改革に身を捧げた。当時の江戸幕府は決して組織的に腐っていたわけではない。しかし、このままでは日本国が滅びると、決然と起ちあがったのだ。これに比べて、今の神社本庁に大きな外圧があるとは思えない。現在の混乱は一部の利権と権力欲に塗れた上層部がみずから招いたものであり、まず、その俗物どもを組織から排除することが解決の第一歩である。そのためには良識ある関係者が結束して声をあげ、行動する必要がある。しかし、実際にはそこまで踏み込めていないようだ。その理由について関係者の話を総合すると、彼等の人的ネットワークによるしがらみが問題を複雑にしているとのことだが、恐らくそれだけでなく、その背後に見え隠れする政界、財界、はたまた反社勢力の存在が影響しているのではないだろうか。

しかし心配することはない。そんなもの、彼等がこれまで利権と権力構造を作り上げる過程で利用してきた張りぼての虚像に過ぎない。よしんばそれが事実としても、神社界を蝕んできた虚像をこの機会に暴き、白日のもとに曝してしまえばよいだけのことだ。それが出来なくて神社本庁に未来のあるはずはない。

重ねて訴えよう！　神社本庁がここまで腐った最大の理由は、腐敗菌を撒き散らす人物が組織のトップにいるからだ。全国の神社関係者、そして良識ある国民たち。正義の前に敵はいない。声を挙げよ！　そして行動せよ！

（平成三十年九月・藤原　登）

## ついに田中総長が辞意を表明！疑惑にまみれた神社本庁は正常化へと舵を切れるか？

九月十一日に開催された神社本庁役員会で、田中総長が辞意を表明したことを神社新報をはじめ関係各紙が報道した。本来なら疑惑が表面化した時点で辞職すべきであったにも関わらず、現在まで法人トップの座にとどまり続けた結果、疑惑にまみれた現在の神社本庁の姿を内外にさらす状況をまねいてきた。その間、職員数六十人足らずの組織であるにも関わらず一年間で十人以上の職員が退職するなど、内部でも異常な状態が続いてきたという。

### ■辞意撤回を画策？

田中総長の辞職で全面解決へと進んで行くならこれ以上付け加えることはないが、九月十四日付けの中外日報は第一面で田中総長の辞意表明を伝えながらも、「辞意表明が直ちに辞任に結び付くかどうかは不透明」との見方を示すなど、事態はまだ流動的との報道もある。事実、神社本庁の自浄を願う会のウェブサイトでは、それに類する情報を伝えている。

しかし、自ら役員会の席上で発した言葉に田中総長が責任をとることを信じよう。もし

「前言撤回」ということになれば、田中総長は最後まで嘘で塗り固めた法螺吹き総長として歴史に名をとどめることになる。

それからもう一点。田中総長が辞めても、その影響力が残るようでは神社本庁の正常化は進まないということだ。特に疑惑の発火点である職員職舎の廉価売却を裏で画策したとされる神道政治連盟の打田会長は、今もその地位にある。田中総長の辞任発言を受けて一番驚愕したのはこの打田会長と思われるが、今は神社本庁の小飼いの職員を使ってその対策に大わらわだろう。これまでの話を総合すると、田中総長を裏でコントロールしてきたのは間違いなく打田会長であり、この人物を排除しなければ神社本庁は何も変わらないというのが共通した関係者の見方だ。何れにしろ良識ある神社関係者が一層奮起し、一日も早く正常化の道筋が敷かれることを願うしかない。

## ■神社本庁敗訴は確定的？

九月十七日付けの神社新報は、今回の辞意表明が懲戒処分を受け神社本庁を提訴した職員との和解を役員会で決議すべきとの吉田茂穂常務理事の提案に端を発したものであると報じている。この裁判の進捗状況が気になるところだが、九月七日に霞ヶ関の司法記者クラブで原告側による裁判の記者会見が開催された。会場で配布された裁判の経過と争点を解説する資料には、原告の稲・瀬尾両氏の受けた懲戒処分に対する双方の主張の対立軸が明確に示されている。最大の争点とされる、稲氏が「檄」と題する文書を作成し役員二名に交付したことについて、原告側は「内部通報的意味で目的は正当」「記載内容は事実」としているのに対し、被告である神社本庁は「被告組織秩序への重大な攻撃(幹部職員によるクーデター)」「事実と異なり名誉毀損」と主張している。

さらには稲氏が神社本庁の疑惑を警視庁公安部のA警部補に相談したことについては、原告の「守秘義務を負う警察官に相談し、根拠のある情報を提供したもの」との主張に対し、なんと被告側は、「情報漏洩により、事実に反した疑惑を外部に広めた」と主張

司法記者クラブで記者会見する原告側

しているのだから恐れ入る。そもそも、原告稲氏の警視庁への相談の内容が被告側に漏れた経緯の重大性については、ちょうど一年前の本紙でも報じた問題であるが、仮に被告神社本庁の主張が通るとするならば、神社本庁の犯罪的な組織秩序は持ちこたえ、法に基づく日本国の組織秩序は崩壊することを意味する。役員会で原告との和解が提案されたということは、原告側の正当な訴えに対し、曲論で抵抗し続けることの無意味さと罪悪感を役員の大半も理解しているということだろう。

## ■自ら出処進退を決定せよ

ならば、辞意を表明しながら未だ居座る気配の見え隠れする田中総長に、最善の身の振り方を提言しよう。田中総長自らの手で、吉田常務理事の提案通り原告との和解を決断した上で身を引かれては如何か。これが神社本庁の信用をここまで失墜させてしまった田中総長の最善の責任の取り方である。そして万が一、辞意の撤回を画策するようなことがあるなら、大多数の善良なる神職の堪忍袋の緒がついにはち切れ、大鉄槌が下されるに違いない。くれぐれも選択を誤ることの無きよう。

（平成三十年十月・藤原　登）

## 辞意撤回で神社本庁評議員会は大混乱
## 嘘とゴマカシの田中ニセ総長を許すな

川崎にあった職員職舎の不正売却と、それを告発した職員の懲戒処分に端を発する神社本庁の騒動は、ここにきて急展開を見せている。前号では、九月十一日に開催された神社本庁の役員会で、裁判は和解すべしとの吉田常務理事の提案とそれに続く各理事の発言の後に、田中総長がついに辞意を表明したことを報じた。ところがその後、信じられない展開となったのである。ことの経緯は以下の通りである。

### ■はっきり「辞める」と発言した田中氏

九月十一日の役員会で田中総長は、「これ以上、皆さん方からいろんな意味で暗に批判されるようなことは耐えられません」「私は今日で総長を引かせていただきたいと思います」と発言し、これを受けて総長の任命権者である鷹司統理が、「只今の話を真摯に受け止めさせていただきたい」と述べたと神社新報には記載されている。これを読む限り、明確な辞意表明を統理が受け入れたことは疑いない。

さらにこの翌週、伊勢神宮などで開催された神社庁長会などの神社本庁の重要な会議を、田中氏は全て欠席し、その会議の中で神社本庁の荒井総務部長が、神社新報に掲載された内容は事実であると発言したというのだから、誰もがみんな田中氏は総長職を辞任したものと思ったはずだ。

## ■神政連打田会長による辞意撤回工作

ところがその後、田中氏の周辺で「辞意撤回工作」が始められたのだ。その指揮を裏でとっているのが神道政治連盟の打田会長というのが関係者の共通した見方だが、今の神社本庁は、付属団体に過ぎない神道政治連盟に完全に乗っ取られているといってもよい。

その工作の目玉が十月三日に開催された臨時役員会だ。この役員会には顧問、長老も同席。議長である田中氏の求めに応じて、それぞれ田中氏を慰留する発言をしたというのだから驚く。普通なら、統理とともに田中総長に引導を渡すのが顧問、長老としての役割だろう。

もちろん顧問、長老に議決権はなく、役員会は田中氏の進退についての具体的な結論は出さずに閉じられたという。そのことを一番よく知っているのは、臨時役員会の議長をつとめた田中氏ではないのか。

## ■総務部長名の「忖度」通知

ところが、である。その翌週の十月九日付けで荒井総務部長名により全国の神社庁長宛に、辞意表明を伝える各メディアの報道は「事実誤認」であり、十月三日の臨時役員会で「今後も総長の職務を全うすることと、当該訴訟の対応方針に変更がないことが了承されました」とする通知が出されたのだ。

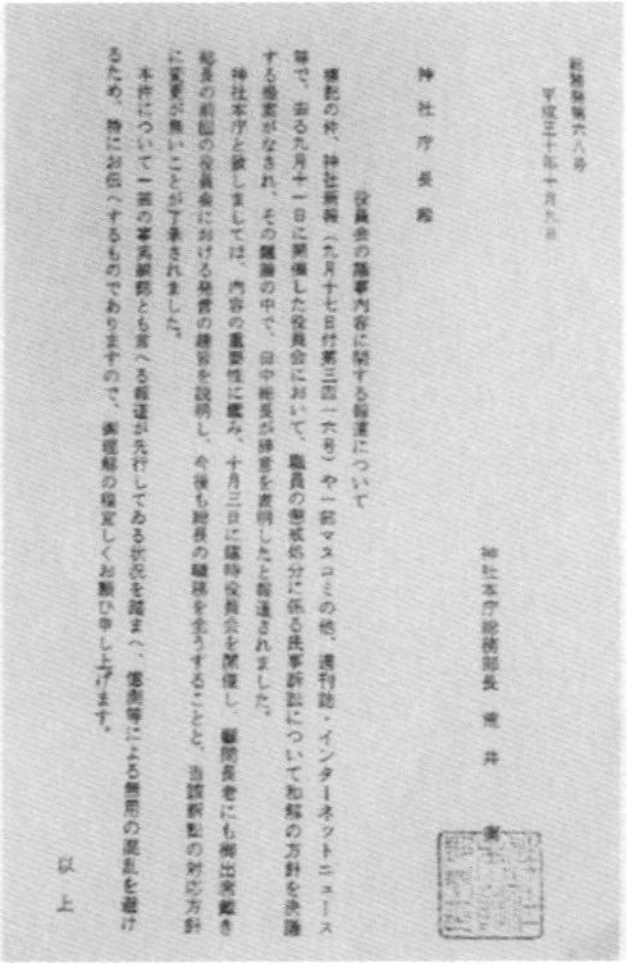
総務発第六八号
平成三十年十月九日

神社庁長 殿

神社本庁総務部長 荒井

役員会の議事内容に関する報道について

標記の件、神社新報（九月十七日付第三四一六号）や一部マスコミの他、週刊誌・インターネットニュース等で、去る九月十一日に開催した役員会において、職員の懲戒処分に係る民事訴訟について和解の方針を決議する提案がなされ、その議論の中で、田中総長が辞意を表明したと報道されました。

神社本庁と致しましては、内容の重要性に鑑み、十月三日に臨時役員会を開催し、顧問長老にも御出席戴き総長の前回の役員会における発言の趣旨を説明し、今後も総長の職務を全うすることと、当該訴訟の対応方針に変更が無いことが了承されました。

本件について一部の事実誤認とも言へる報道が先行してある状況を踏まへ、憶測等による無用の混乱を避けるため、特にお伝へするものでありますので、御理解の程宜しくお願ひ申し上げます。

以上

10月9日付け荒井総務部長名通知

さすがにこの通知は、実情を知る関係者を怒らせたようだ。十月二二日付の神社新報は、「役員会の議事内容に関する報道について」と題するこの通知を紹介するとともに、直接取材した上での「一般的に口頭での辞任の意思表示でも法的に有効とされるのであって、責任ある立場の者が朝令暮改のように前言を翻すことはあってはならない。とくに神職の世界ではそのようなことはないものと信じており、いずれしかるべき時期に辞表の提出があるものと思う」との、鷹司統理の言葉を掲載した。

## ■評議員会を強行突破

そして迎えた十月二四日の神社本庁評議員会では、評議員から田中ニセ総長の進退に関する意見が出され、賛同意見も出て動議としての成立要件をみたしたものの、長い休憩の後に議長は議題として取り上げないとの結論を下した。評議員会議長の助け船で、田中氏はニセ総長の座にまだ居座り続けるという。

関係者の話ではその後の議事も混乱した上に、長時間にわたる会議の間、執行部席に隣同士で座っていた鷹司統理と田中偽総長は、目すら合わせることはなかったという。統理は嘘とゴマカシで塗り固められた人間を総長として認めてはいないのだ。さすが神宮大宮司を長年つとめられたお方である。

ともかく、執行部は評議員会を形式的には切り抜けた。田中－打田側は安堵しただろうが、「無事に」切り抜けたわけではない。折からの靖国神社の小堀宮司の不敬発言問題をめぐっては、包括外である靖国神社の人事に田中総長が深く関与しているとの報道も見られる。これを機に、田中－打田体制の悪事の数々が暴かれる気配すら伺われる。彼等の時間稼ぎの工作もこれで終焉し、間もなく迎える御代替わりの年に気持ちよく初詣ができるよう、関係者には最後の踏ん張りを期待する。

（平成三十年十一月・藤原　登）

## もはや風前の灯火の田中—打田体制
## 神社界は禊をして新しい御代を迎えよ

神社本庁の職舎売却疑惑をはじめとした数々の醜聞は残念ながら何一つ解決することなく、平成最後の年を迎えた。しかし、その道筋は開かれつつある。昨年十二月十九日に開催された神社本庁の役員会で、「総長」の解任動議がだされるのではと報じるメディアもあったことから注視していたが、解任動議こそ出なかったものの、総長の進退問題をめぐっての田中氏と任命権者である鷹司統理との意志の疎通について、そして最近、関係者に届いている怪文書をめぐって、厳しい意見が交わされたようだ。怪文書については一部週刊誌等が報じているが、幹部しか知らない神社本庁の内部事情を都合よく解釈して、鷹司統理をはじめとする役員等を品のない言葉で貶め、疑惑の追求と正常化への動きを押さえ込もうとする意図が見え見えのものだ。役員会ではこのような怪文書が出された事態に対して、執行部の責任を厳しく問う発言もあったようだ。

### ■統理から逃げまくる田中ニセ総長

解任の緊急動議まで進まなかったことについて関係者は、あと僅かで平成最後の年を迎え身を慎むべき時節柄であることから、俗なる役員会の場とはいえ派手な振る舞いは極力控えるべしとのことだったのだろうと推測している。しかし、鷹司統理と田中総長との関係が完全に決裂していることが、役員会の席上でより明らかになったことだけは間違いない。総長とはいってもニセ総長だが。

役員会では、改めて統理と総長が話し合うべきとの要望があったのだが、田中氏は統理との意思疎通はできているし意見の対立はないと、いつものように真っ赤な嘘を堂々と発言したようだ。これに対し鷹司統理が、私は週に三日、神社本庁に出勤しているが、田中総長が統理室にいる私をたずねてくることがないので話す機会がない。それなら私の方から田中総長を訪ねていきますか、と役員を前にして述べたということだ。田中総長は鷹司統理と話し合えば化けの皮を剥がされることは間違いないので、統理から逃げまくるしか生き延びるすべがなくなった哀れな姿を役員の前でさらす結果となった。「総長」としての機能が完全に果たせなくなっていることは明らかだ。

## ■田中―打田は詐欺師コンビか

田中―打田両氏の特技は、真っ赤な嘘でも堂々と話すことで、聴き手を引き込み信じ込ませてしまうことだという。普通の人間には真似できないが、この特技を駆使して、田中氏は神社本庁の総長に、打田氏は神道政治連盟の会長にまで上り詰めた。この手法が通用するのは、権謀術数が渦巻く政治の世界ぐらいのようにも思えるが、二人は静かでお人好しの多い神職の性向につけこむとともに、手にした権力をもとにした論功行賞で、幹部たちを手なずけていったのだろう。

関係者の話によるとこの二人は、歴代の統理まで騙して今の地位に上り詰めてきたということだから、相当な無理もしてきたに違いない。そしてついに、神社本庁職員職舎の売却で馬脚をあらわしたが、これも嘘で押し通そうとした。しかし今度はそうは問屋が卸さなかった。職員職舎の売却をめぐって懲戒処分された職員の地位保全の裁判を通じて、田中―打田体制の内幕が、法廷という公開の場にさらされることになったからだ。この先証人尋問まで裁判が進めば、あらたな事実も次々に明らかにされていくのではないか。被告の田中―打田側は策を練っていることだろうが、我々は法廷において、策士が策に溺れてゆく哀れな姿を見ることになるに違いない。

神社本庁を混乱の極みに陥れた田中―打田体制の命運も、風前の灯火となってきたようだ。神社界を暗雲に包み込んできたその穢れた火が完全に消えるときに、神社本庁の再生が始まる。それは決して簡単ではないだろうが、新しい御代を迎える中で、生まれ変わった執行部がその難事業に力を尽くしてゆくことを期待するものである。

（平成三十一年一月・藤原　登）

## 田中―打田ラインは鷹司統理降ろしを工作
## 朝敵と化したか神社本庁執行部

平成の時代も後二か月で幕を閉じる。平成を生きてきた日本人の一人として、この三十年間に様々な感慨を覚える。そして御譲位により皇太子殿下が践祚あそばされて日本は新しい時代を迎える。今上陛下に心からの感謝を申し上げるとともに、御譲位により新しい時代へ移りゆくことの意義を深く噛み締めながら、国民としてのつとめを果たしていきたいと思う。時代は変わっても天皇と国民との紐帯は変わることはないのだ。その国民としてのつとめを果たすためにも、事ここに至った現在も醜態を曝し続けている神社本庁執行部を厳しく糾弾しなければならない。

神社本庁は戦後一貫して尊皇愛国の精神、国体精神の護持と高揚に努めてきた組織のはずだ。しかし、田中総長、そして神道政治連盟の打田会長が神社界組織の「ツートップ」として君臨してから状況は一変した。そのあらましは本紙の読者はすでに御存じであろうが、今号では、もはや「朝敵」と化した神社本庁執行部の醜い姿をご覧に入れよう。

## ■鷹司統理攻撃を続ける神社本庁執行部

昨年六月、北白川前統理から神社本庁の正常化を託された鷹司尚武氏が新統理に就任。そして九月の役員会では、吉田常務理事からの提案をきっかけとして田中総長は辞意を表明した。その提案とは、職舎売却に際しての執行部による背任行為を指弾する文書を作成したとして懲戒処分を受けた職員が地位保全を求めて神社本庁を訴えた裁判は、和解で解決すべきというもの。至極当然の提案であり賛同の声が出たが、これを田中総長は自分に対する批判と捉えたのである。

ともかく田中総長の辞任で神社界は救われる、と誰しもが思ったろうが、そこから新体制による疑惑の追求を恐れる打田会長及び小飼の職員らによる、執拗な田中氏の辞意撤回工作が始まった。メディアが伝える辞意表明は事実誤認との総務部長によるインチキ通知やら、神社界の長老らを役員会に陪席させ、ヤラセ発言で田中氏を慰留させるなどの何でもありの工作だ。

これだけでも許しがたいが、この間、田中総長は辞任すべきとの見解を曲げない鷹司統理をえげつない言葉で非難する怪文書が複数、神社関係者に送付されていた。その内容には本庁中枢でなければ知り得ない情報もあったというから、これも辞意撤回工作の一環であることは間違いない。

更には右翼を標榜する団体が、統理はじめ正常化に舵を切ろうとする役員に対する抗議文書を関係者に送りつけていたというから驚きだ。その中には脅迫的な表現もあったという関係者の証言もある。

昭和天皇の第三皇女である孝宮和子内親王が嫁がれた五摂家の鷹司家に、そのご養子として大給松平家から迎えられたのが、神社本庁の鷹司尚武統理である。今上陛下（現上皇陛下）の義理の甥にあたり、以前は伊勢神宮の大宮司をつとめておられた。このようなお立場の、それも神社界の正常化を希求されている方を、仮にも右翼を名乗る団体が攻撃するとはどういうことなのか。真正「エセ右翼」の為せる業だろう。

## ■公然と開き直る神社本庁執行部

象徴である統理がいわれなき攻撃をエセ右翼の団体から受けているのだから、本庁執行部は組織を挙げて鷹司統理をお守りするのが筋だろう。田中総長が怪文書で非難されていたときは、刑事告訴するぞとまで息巻いたというのだから猶更である。

ところが話はこれだけでは終わらなかったようだ。先月七日に開かれた神社本庁役員会でも、統理への脅かしに対する執行部のおざなりな対応が明らかになったという。その一方で、昨年十二月に放送された田中総長の進退問題を扱ったニュース番組には、テレビ朝日に抗議までしたというのだから御都合主義も甚だしい。流石に憤った役員からは、田中総長のお膝元である近畿地方の神社庁職員が、公然と統理批判を繰り広げていることを問題視する発言まで飛び出したという。

## ■問題はどこまで膨らむのか

田中総長率いる神社本庁執行部は、打田会長率いる神道政治連盟とともに数々の疑惑を隠蔽し、利権を守るために神社界を混迷と恥辱の淵に引き入れようとしている。そして遂には、神社界の象徴的な存在とされる統理を貶める行為にまで及んできた。小飼いの職員は平気で統理を呼び捨てにしているらしいが、エセ右翼を使って統理の追い落としを画策した疑いと併せて、もはや返す言葉も見当たらない。

もはやここまで事態が進めば、神社界だけの問題に止まらないだろう。スポーツ界や政界との黒い結び付きも取り沙汰されてきたが、もしそこに通底する疑惑が存在しているなら、東京地検をはじめとする捜査当局も動きだしていることだろう。もがけばもがくほど疑惑が膨らんでいることに、そろそろ気付いたほうがいい。

（平成三十一年三月・藤原　登）

## 令和の御代まで疑惑を持ち越した神社界
## 生まれ変わる覚悟で自らを徹底検証せよ

神社界のツートップ、神社本庁の田中恆清総長と神道政治連盟の打田文博会長が起こした職員職舎の不正売却事件。神社本庁の百合丘職舎をディンプル社という知り合いの不動産会社に廉価で売却するため、打田会長は子飼いの職員を使って財政部長に圧力を掛けた。そのディンプル社とは、打田会長と二十年来の付き合いの高橋恒雄氏が社長を務め、その界隈では地上げで有名な不動産会社である。疑惑は濃厚だが、それを検証する調査委員会ができると、田中－打田側はデタラメな報告書を作らせて疑惑を隠蔽し、告発に関わった職員二名を処分した。しかし、処分された職員が地位の保全を求めて神社本庁を提訴したため、疑惑の追求が止むことはなかった。

疑惑が無いのならありのままを説明すれば解決するが、疑惑は真実だからまともな対応などできない。それで今度は、職員に議事録などの文書を改竄させ、辻褄を合わせてごまかし続けた。しかし、裁判で疑惑を裏付ける証拠が開示されたことでいたたまれなくなったのだろう、田中総長は昨年九月の役員会で辞意を表明した。ところが辞められては自分たちに類が及ぶと、打田会長及び子飼いの職員たちは辞意を撤回させ、総長辞任は当然と考える鷹司統理に対しては、怪文書で脅かす等の悪辣な延命工作を重ねて今日に至った。

以上がこれまでの経緯だが、もはや不正はなかったなどと信じている者などどこにもいまい。

## ■未曾有の神社界の危機

神社の歴史は皇室や日本の国の歩みとともにあった。そして今後もそうあらねばならないと考える。その二千年に及ぶ歴史の中で、神社を司る機関が、自らの不正行為でこのような危機的状況に陥ったことがあったのだろうか。神道の専門家と言われる先生方の見解を是非とも聞きたいものだ。

今回の神社本庁の疑惑は一職員の不正ではなく、二人のトップが結託して長年にわたり組織を私物化した上での、組織ぐるみの疑惑である。問われているのは単なる不正の有無だけでなく、神社本庁のあり方そのものだ。問題の解決が、平成から令和の御代へと、これ以上引き延ばされることがあってはならない。神社本庁は新天皇の御即位をお祝いする前に、自らの問題にけりをつけなければならない。

## ■疑惑の背景にあるもの

神社本庁のような大組織でこれだけの疑惑が浮上すれば、長老クラスが鳩首協議して、まずは責任者の進退を問うなど、解決策が図られるのが普通である。しかし、その名も「長老」という、神社界で功成り名を遂げた方々は、一度辞意を表明した田中総長をそろって慰留したというから恐れいる。田中―打田側が事前に手を回したのだろうが、そんなところに疑惑の背景と、現在の神社界の体質、組織的欠陥が隠されている気がする。これまでの報道や関係者の話などから、いくつかのポイントが垣間見える。

○疑惑の中心人物の打田氏は歴代総長を裏で操り、神社本庁の人事を握ってきた。権限のある部署には子飼いの職員を配置して実権を掌握してきた。

○人事権が権力の要であり、人事権者には誰も逆らえない。神社本庁で出世したい職員は、体制側に身を委ねるしかない。それが嫌でも我慢するか、我慢できなければ退職するしかない。

○有名神社の宮司人事をめぐっても、田中―打田側の策動で様々な騒動が生じてきた。富岡八幡宮の悲惨な結末と、単立でありながら本庁の介入で起きた、靖国神社の宮司をめぐる混乱は記憶に新しい。

○「長老」や「特級」と呼ばれる神職の栄誉、栄典の授与も手中におさめ、論功行賞で全国の有力な神職を味方につけてきた。
○その一方で神社界は、経済的に恵まれた大神社とその神職、氏子の減少などで収入の少ない小神社とその神職が共存する格差社会である。神職の大半を占める後者は、神社本庁に所属はしていても関心は薄く、論功行賞の対象外で神社本庁に期待もしていない。全国八万の神社、二万人の神職といっても、実態は然様の通りであり、神社本庁を実際に動かしているのは一部の人たちだ。

## ■生まれ変わる覚悟で

図らずも今回の神社本庁の疑惑は、神社界の組織の体質まで露呈させることとなり、そこに本質的な問題があることに気づかせてくれた。ここまで来た以上、単なる疑惑の解明だけでなく、神社本庁そのものが生まれ変わる覚悟を持たなければ、この危機は乗り越えられないだろう。

その前に、田中―打田側は今もなお、子飼い、手下の役職員とともに既得権益を手離すまいと、五月に行われる神社本庁の評議員会に向けて、関係者の締め付けに余念がないと思われる。それを許しては正常化への道はさらに遠のくことになる。神社本庁は御代替わりを契機に、田中―打田体制の負の連鎖を完全に断ち切り、生まれ変わる覚悟でこの危機と向き合い、正常化へと進んでほしい。

（令和元年五月・藤原　登）

神社本庁の看板にある言葉は正しいのだが

## 田中氏が四期目の総長就任、疑惑の隠蔽を継続か？
## 神社本庁は自壊の道へ

先月二三日から二五日まで、神社本庁の評議員会が開催された。役員の改選期にあたる今年、最終日には統理選挙及び理事選挙が行われ、統理と十数名の理事を選出。その直後の役員会で理事の中から総長が統理から指名されるという段取りということだった。

まず、統理選挙では、田中体制とは一線を引く鷹司氏が統理に再選された。誰もが正常化に期待したことだろう。

しかし、次の理事選挙では、良識派の吉田常務理事が次期の理事から落選。そして午後に行われた役員会では、数々の疑惑の渦中にある田中恆清氏の四期目の総長就任が決定したということだ。

異例の四期目を目指し、職舎売却などの疑惑も何のその、盟友であり黒幕の神道政治連盟打田文博会長とともに多数派工作に血道をあげていたと聞いてはいたが、多くの関係者にとってはまさかの、そして残念というより恐れていた結果となったようだ。

## ■自壊の道へ

極めて異例の田中四期目総長就任の裏側は何れ明らかにされるだろうが、今回の評議員会は、神社本庁の疑惑と不正の歴史に、またもや新たな頁を毒々しい彩色で塗り込むものとなったことは間違いない。

中には、田中－打田体制でなければこの難局は乗り切れない、御即位奉祝の推進も、憲法改正に向けた世論喚起も現体制でなければ進まないと真顔で発言している神職も実際にいるようだが、本気ではあるまい。それは単に、田中－打田体制がつくりあげてきた利権のおこぼれに、これからもあずかりたい人たちが口実にしているだけだ。

実際に今の神社本庁の危機的状況は、田中－打田体制が生み出したものだ。だからこそ、この難局を真に乗り切るための最低条件は、田中－打田両氏が退場することであった。引き続きこの体制が続く中で、御大典奉祝も憲法改正もあったものではない。誰がこんな汚れた組織に、皇室最大の慶事を一緒にお祝いしてほしいと思うだろうか。自分たちの組織の規則を故意に無視して、全国の神社からの浄財を原資として所有していた不動産を、知り合いの不動産会社に、それも税金逃れの契約内容で安く売り続けてきた組織に、そもそも憲法改正を語る資格などない。

御大典奉祝も、憲法改正も、疑惑の隠蔽と体制維持のための口実なのだから、何れそこかしこからボロがでてくることは目に見えている。もしこのままの体制が任期である三年間継続するなら、三年後の神社本庁は見るも無惨な状況になっていることだけは間違いない。自壊した姿だ。

## ■大義を完全に喪失した神社本庁

民族派諸兄の多くは、神社本庁の設立に尽力し、戦後の神社神道のあり方のみならず、国体や皇室制度、憲法をめぐる問題についての言論をリードしてきた葦津珍彦先生の教えを直接間接に受けている。先生はたとえ相手が一介の浪人であろうとも分け隔てなく接せられ、民族運動の在り方にも大きな示唆を与えられた。人と接するに際しては、相手の社会的地位ではなく、その人物には義があるのか、義を備えているか否かを見極めて接しておられたということだ。この義こそが人の道であり、大義に通じる道である。

しかし今や大義を語る人物はどの世界にも数えるほどになり、神社本庁からは完全に失われた。そこにあるのは主要神社の宮司の人事権、神職の身分や栄誉の授与権という権力を私物化して利権の維持につとめる醜悪な姿である。こんな組織に皇室をお守りすることも、神社のあるべき姿を後世に伝えてゆくこともできるはずはない。

次号以降で改めて問題の本質と背景を探っていくこととするが、我々は神社本庁の姿、有り様に常時目を向けていることをくれぐれもお忘れなきよう。

（令和元年六月・藤原　登）

在りし日の葦津珍彦氏

## 田中総長四選の裏で何があったのか？
## 異例の総長選出は神社本庁終わりの始まり

神社本庁の歴史に例はないという田中氏の四期目総長就任。その舞台となった評議員会の状況について関係者に取材を進めた結果、その陰謀渦巻く裏側がおおよそ掴めてきた。田中派の評議員や理事たちが仕組んだと思われる、そのズル賢い手口を公にするとともに、自浄できぬまま自壊への道を突き進む神社本庁の末路について附言しておきたい。

### ■理事選出の仕組み

今後三年間の神社本庁執行部を決める理事選挙は、評議員会最終日の五月二十五日に行われた。この日は最初に統理選挙があり、鷹司氏が評議員の総意をもって引き続き統理に推挙された。既報の通り、田中派による鷹司統理降ろしは、失敗に終わったのだ。

続いて行われた理事選挙。選考委員二十一名で構成する委員会を開催し選出することになり、別室で選考委員会が開催された。十七名の理事を選考するわけだが、理事は選出方法により四種類に分かれる。その内訳は、全国の十地区から一人ずつ選ぶ「地区理事」が十人、総長や副総長、常務理事などの役員候補となる「全国理事」が四人、そして全国総代会から推薦される「総代理事」が二人、伊勢神宮の少宮司が選ばれる理事が一人である。

この内、四人の全国理事以外は、地区や総代会が推薦した候補者が自動的に承認されるしくみである。故に理事選考で最も注目されるのが全国理事四人の選出である。それは既述の通り、この中から総長や副総長が選ばれるからである。

## ■田中氏は地区理事として選出！

ところが蓋を開けてみると全国理事の候補者の中に、四選を目指す田中氏の名前は挙がらなかった。替わりに和歌山県神社庁長である九鬼氏の名前が挙げられた。九鬼氏は理事の経験はなく、いきなりの全国理事候補は極めて異例だという。ことの真相は、九鬼氏は近畿地区から地区理事として選出される予定であったが、全国的な反田中の動きで全国理事としての選出は難しいとみた田中氏が、九鬼氏を無理やり全国理事候補に押し上げ、自分は地区理事にまわっての「自動当選」を果たしたということだ。

そして田中氏の対抗馬であり、神社本庁の正常化を目指す神奈川県神社庁長の吉田茂穂氏は全国理事で出馬したものの、投票で落選してしまった。その理由は単純で、普通なら規則にのっとり、選考委員一人一票で投票すべきにも掛かわらず、一人四票の連記投票に田中派の委員長(石川県・加藤治樹氏)が強引に持ち込んだ結果、吉田氏を含めて五人が挑んだ全国理事を選出する選挙は、田中派の票が入らない吉田氏が落選するという結果となったのだ。要するに田中氏は「替え玉」を使って、からくも理事に生き残ったのだ。「替え玉」にされた上で全国理事に当選した九鬼氏は、さぞかし面食らったことだろう。

評議員会の役割は十七名の理事選出までで、総長や副総長が決まるのは、評議員会の後に行われる新理事による役員会である。ここでの詳細は不明だが、田中派の新理事たちが田中総長の再任をしきりに主張し、対抗馬の吉田氏がいない中、鷹司統理も田中総長の四選を認めざるをえなかったということだ。全国理事でない田中氏を総長に推薦した新理事たちは喝采を叫んだらしいが、それはとんでもない早とちりだ。こんな「替え玉」総長のもとで神社本庁の舵取りができると思っているなら、何も知らないお目出度い連中だ。田中四選は、神社本庁が将来負わなければならない代償を、さらに大きくしただけだ。彼らは近い将来、自らの不明を大いに恥じることとなろう。

## ■神社本庁と神道政治連盟　自壊への道程

総長四選の田中体制のもとで、神社本庁は必然的に自壊への道を歩むことになった。なぜなら田中体制存続の目的には、利権の維持と疑惑の隠蔽しかないからだ。四選によってまたまた新たな疑惑が加わったわけだが、これからも綻びを繕うごとにそれ以上の綻びと疑惑が生まれ、疑惑隠蔽の自転車操業に自らが追い込まれていくということだ。

先月には神道政治連盟の総会が開催された。こちらも田中総長を支える疑惑の中心人物、打田文博氏が会長に再選されたが、その席上、打田氏の責任を問う重い発言が飛び出した。関係者によれば、「神社本庁の自浄を願う会」などが主張するように、本当に打田氏に疑惑の疑いがあるなら、そのような人物を会長に選出する自分達にもその責任は及ぶことを確認する、堂々たる発言だったという。これに対し打田会長は、身に覚えがないといういつも通りの口実で、再選の弁を述べるしかなかったようだ。

田中—打田体制下の疑惑の数々は、今もってまったく晴れてなどいない。田中—打田体制は、これからも疑惑追及の声を無視し続けるだろうが、溜まり続ける疑惑の膿が、確実に組織を崩壊へと導いてゆく。崩壊を防ぐには、もはや神道人が良心に従い判断をして膿をすべて削除、出し切るしかない。

（令和元年七月・藤原　登）

## 神道人は良心のもとに行動すべし　疑惑に揺れる神社本庁　問題の根本的解決のために

前号で報じた通り、神社本庁田中総長の四選はまたも疑惑に包まれていた。神社本庁の正常化を期待されていた対抗馬を騙し討ちにしての四度目の総長の座だ。それも、一度は辞意表明しておきながらの仕業である。

神社本庁執行部が隠蔽を続ける疑惑の全体像は、想像以上にグロテスクなものだろうと、関係者は噂しているが、尽きることのない疑惑の膿は組織を腐蝕し続け、遠からず神社本庁は自壊する。それを防ぎ止めるのは「神道人の良心」しかない、と前号で書いた。今号はさらにその問題に踏み込むことにする。

### ■性善説で流される神道人と田中―打田の強権体制

大多数の神道人は真面目でおおらかだ。そして物事を性善説で処理する。神に仕える立場なのだから当然だと思う。しかし今回の事件では、普段は美徳である神道人の性格が裏目に出て、解決への道を遠退かせてしまっている。裏返せば、神社界の体質をよく知る田中―打田側は、それをうまく利用して権力を手中にしてきたのだ。きれいごとを装って人事権を私物化し、周辺をイエスマンで固めてきたということだ。

さすがに神社本庁が所有していた川崎の百合丘職舎の売却先が、田中―打田側と密接な関係にある不動産会社であり、しかも半値近い廉価であったことが発覚すると、疑問の声が起こり大騒動とはなった。

普通の組織ならこの時点で執行部は引責辞任である。しかし、これで責任をとらされては、これまで築き上げた利権体制が崩壊してしまう。田中―打田体制側は、職舎売却の経緯を検証する調査委員会に介入して、これを逆に利用した。違法性は認められないとした調査報告書を錦の御旗に、告発に関わった職員二人を解雇などの懲戒処分とし、身内の不正に甘い神社界の体質をいいことに、強権と情報封鎖で今も体制を維持しているのだ。

## ■裁判の状況すら隠蔽

懲戒処分を受けた二人の職員は、直ちに撤回を求めて神社本庁を提訴した。それから二年近くが経過したが、裁判の経緯は本誌で報告してきた通りである。見せしめで職員を懲戒処分にした神社本庁に勝ち目はないが、関係者によると神社本庁は、裁判の状況を役員会にすら報告していないという。それどころか、裁判について問われると担当の秘書部長は、「神職であるにも拘わらず、労働裁判をおこした原告側は許されない」との意味不明の言説を繰り返しているとのことだ。そもそも原告を労働者とみなし懲戒処分を下したのは被告の方ではないか。

何れにせよ田中－打田体制は、性善説で不正追求に不慣れな神社界の体質をいいことに、利権の分け前に預かってきた配下の役職員を総動員して、綱渡りでここまで乗り切ってきた。

## ■神社界の不祥事と神道人の良心

田中－打田体制による強権政治の結果として、大分県の宇佐神宮では神社本庁が送り込んだ現宮司の退任を求める署名活動が起きている。田中総長が総代をつとめる靖国神社では、昨年からの宮司人事をめぐるゴタゴタが今も尾を引いている。神社本庁を離脱した富岡八幡宮で二年前に起きた殺人事件もまだ記憶に新しいが、これらの問題の背景には、著名神社の宮司人事に対する田中－打田両氏の強引な介入があることを多くの関係者が指摘している。

結果として神道人の多くは、今の神社本庁に対して不信感を募らせている。しかしそれが、先月の参議院議員選挙の投票率にみられるような国民の政治に対する不信感と同次元であるなら、神社本庁の自壊は必至であろう。

ここまで田中―打田体制の不正が明らかになりながらも、「いつまでもめているの」と第三者ぶって今回の騒動を見ている神道人が大半を占めているという。これは、ある神道人の嘆きでもあるが、神社本庁が未だに自浄できない最大の理由はここにある。性善説を逃げ道にした当時者意識の欠如が、神社本庁を自浄でなく自壊へと向かわせているのだ。そして神社本庁が自壊すれば、すべての神道人が国民の信頼を失うことになるだろう。

神道人の良心に一般国民との違いがあるとすれば、それは皇室と国民、そして神社との関係から善悪を見極めるということだろう。個人的な利害関係を超えて公の観点から判断し、行動するということだ。良心に基づく神道人一人一人の判断と行動が、神社本庁が自壊するか、自浄できるかの分かれ道であることを認識せよ！

（令和元年八月・藤原　登）

## 自壊へと突き進む神社本庁

## 理想と現実が乖離した姿は、スポーツ界の病巣と同根か？

東京オリンピックまで一年を切った。しかし、今も様々な問題がくすぶり続けている。オリンピックの誘致をめぐる賄賂疑惑のみならず、ここ数年の間に頻発した「事件」によって問題とされたスポーツ団体のガバナンスの状況も、何一つ解決していないからだ。さすがにこの状況を見かねたスポーツ庁は、スポーツ団体が順守すべきガバナンス・コードをこの六月に策定した。

ところがその矢先の先月、山下泰裕新理事長率いるＪＯＣは、これまでメディアに原則公開してきた理事会の完全非公開を決めたというから驚きだ。オリンピックを前に、スポーツ界がいまだ自らの状況を理解していないことに呆れるほかないが、これに輪を掛けた状況に陥っているのが今の神社本庁だ。そしてこの両者は状況が似ているだけでなく、トップ同士が悪縁で結ばれているのだから不思議なものだ。

## ■高らかな理想の陰で横行する不正行為

オリンピック憲章には、人間の尊厳に基づいたオリンピックの精神が高らかに謳われている。ところが、この精神とは相容れない、ＪＯＣに連なるスポーツ団体の幹部たちによる不祥事が、少し前までメディアを賑わせていた。

これと同様に神社本庁憲章には、「神社本庁は、伝統を重んじ、祭祀の振興と道義の昂揚を図り、以て大御代の弥栄を祈念し、併せて四海万邦の平安に寄与する(第一条)」と、神社本庁設立の目的が明記されている。これに対し、神社界のツートップである田中恆清総長と打田文博神道政治連盟会長の二人(田中－打田体制)は、自らの道義的頽廃によるものとしか言えない組織の私物化によって、加盟する個々の神社に様々な混乱をもたらしてきた。

宗教界とスポーツ界は不思議と類似点が多い。両者はともに一般社会とは隔絶した世界であり、それぞれの組織の伝統で積み上げられてきた内部規範で動いている。自ずとそれを上手く運用するためには、内部事情に精通した者の役割が大きくなる。その「精通者」が正当に事にあたれば問題はおきないが、邪心をもって組織を運営すれば、至る所にひずみが生じる。

さらに問題なのはここから先だ。スポーツ界はもちろん、特に神社などの伝統的な宗教は、組織の中に学閥や先輩後輩、師匠と弟子などの明確な上下関係があり、その構造の下に動いている。ある競技団体や神社の幹部が理想を隠れ蓑にパワハラや不正行為を働いたとしても、個々の選手や経験の浅い神職は、上層部に対して何も言えない。それをいいことに、幹部たちは組織をほしいままに動かしてゆくことになる。

## ■スポーツ界と裏側で繋がる神社本庁

そして、今の神社界とスポーツ界には不思議な因縁がある。疑惑の隠蔽に腐心している神社本庁の田中―打田体制の表看板は田中総長だが、その黒幕は神道政治連盟会長の打田文博氏であるというのが、衆目の一致するところだ。そして、日本レスリング界の大御所であり、この六月に開催された日本レスリング協会の理事会、評議員会で、度重なる協会内部の不祥事や冒頭の「ガバナンス・コード」も何のその、何と九期目の会長再選を果たした福田富昭氏は打田氏の盟友であり、神社本庁の様々な疑惑にも、神社界と取引のある関連会社の役員として登場している。

ともに、神社神道の本義、そしてスポーツの目的から逸脱したところで、お互いの利権のために手を結び、神社界、スポーツ界の信用を著しく損ねてきたのであるが、今もそれぞれの組織のトップに君臨しているのだ。

## ■神社本庁関係者よ、生まれ変わるために行動せよ！

ほとんどが公益財団法人であるスポーツ団体のガバナンスに対する、スポーツ庁などの関係省庁による改善指導が形だけのものに終わっているのは、オリンピックを前に事を荒立てたくない、という双方の思惑が合致しているからだろう。これに、オリンピックを盛り上げる役回りの大手メディアも乗っかってしまっている形だ。

これに対し宗教法人である神社本庁には、よほどの犯罪行為に手を染めない限り、行政の関与は法制度上有り得ない。そのことを良く知るからこそ、田中－打田体制は平気で不正行為を重ねてきたのであろう。しかし、行政は手を出せなくても、内部にいる関係者はいつでも声をあげることができる。神社本庁は今、生まれ変わるか、自壊するかの瀬戸際に来ている。このことをすべての神社関係者が自覚し、行動すべし。

（令和元年九月・藤原　登）

## 組織は使命感の欠如で堕落し、目的の喪失で迷走し、私物化で壊される

令和の御代を迎えて初めての新春である。しかし、全国神社を指導すべき立場の神社本庁には、数々の疑惑を解明、清算しない限り、永遠に春は来ないことだけは間違いない。

今号では、神社本庁元部長の稲貴夫・瀬尾芳也両氏が神社本庁を提訴するに至った事件の背景に切り込む。それは、組織のトップが私的な利益に走り、そのおこぼれに預かるために、自らの職分と使命感を忘れた子飼い職員たちの度を超えた忖択が横行すると、やがて組織の神経が麻痺し、最後の守るべき一線さえ平気で越えてしまうという、現代日本に蔓延する恐るべき病理のことだ。

### ■稲氏の相談内容を公安警察が神社本庁側に漏洩

地位保全の裁判が提訴された二年前に本紙が報じた通り、稲・瀬尾両氏が懲戒処分を受けた直接の原因は、百合丘職舎の売却をめぐる問題について、稲氏が警視庁公安部の職員に相談した内容が、神社本庁に出入りしている同僚警察官を通じて本庁執行部側に漏れ、疑惑の真相を究明しようとしていた二人の動きが、疑惑の隠蔽に血道を上げていた田中—

打田側の知るところとなったためである。そして稲・瀬尾両氏に対して、違法行為はなかったとする調査委員会の報告を根拠に懲戒処分が下されたのだ。

その時点で疑惑の存在は関係者の誰もが感じていたであろうが、田中－打田側は、神社界ツートップとしての強権と、長年にわたって築いてきた人脈を駆使するとともに、調査委員会をも隠蔽側に誘導し、疑惑の追求から逃れることに成功したと思われる。裏返せば組織が完全に私物化されたのであり、逆にその結果として神社本庁は、稲・瀬尾両氏の提訴を切っ掛けに、自壊への道を転げ落ちることになったのだ。

## ■田中－打田側は稲氏を刑事告訴していた！

さらに田中－打田両氏をめぐる裏話はこんなものではなかった。両氏は実際に、稲氏を名誉毀損で刑事告訴していたのだ。どうしてそんなことが出来たのか誰もが疑問に思うだろうが、稲氏による関係者への報告文からその概要をお伝えしよう。（「神社本庁の自浄を願う会」ＨＰより）

三年前、百合丘職舎売却の疑惑をめぐり、関係した役職員の責任を追求する怪文書が神社関係者の間で飛び交う事態となっていたが、これに対し田中総長は疑惑を全面否定し、怪文書に関わった人間を名誉毀損で訴えると発言していた。

しかし疑惑は明白と判断していた稲氏は、告発文を作成し役員二名に手渡した。ところがそれが前述の理由で田中総長側に漏れたために懲戒解雇処分を受けるに至った。

そして地位保全の裁判が始まると、神社本庁側は準備書面で稲氏を「名誉毀損で刑事告訴され、警察による捜査が進んでいる」卑劣な人物と主張してきたので、警察の取り調べなど受けていない稲氏は不思議に思ったそうだが、昨年六月になって原宿署から連絡があり、三回ほど実際に取り調べを受けたという。

そして問題はここからだ。田中－打田両氏は怪文書にも関わった人物として稲氏を警視庁に名誉毀損で刑事告訴し、受理された。さすがに怪文書は捜査の対象外となったものの、告発文は記載内容が事実としても形式上は名誉毀損の可能性があるので取り調べを受けたらしい。その担当刑事は、告発文が公安三課を通じて神社本庁側に漏洩したことに驚きを隠さなかっただけでなく、本件を警視庁が受理したこと自体に、刑事自身が政治的な背景を感じていたらしいというのだ。そして書類送検されたものの稲氏は検察から一度も呼び出されることなく、九月三十日の段階で嫌疑不十分により不起訴になっていたという。そして稲氏はその事実を、十二月に入ってから自分で検察に確認するまで知らなかったのだ。

しかし告訴人である田中－打田両氏は、法律の定めにより不起訴が確定した直後には、検察からの告知を受けていた筈である。ところが神社本庁では昨年十月以降、役員会をはじめ評議員会まで開かれていたにも拘わらず、不起訴の事実が田中総長から報告されることはなかったという。稲氏は、この刑事告訴は田中－打田側が民事裁判を有利にするために仕組んだものと考えているようだが、自分達の力を過信した恫喝以外の何物でもない。

## ■警察権力をも利用する田中－打田体制

この通り神社本庁の疑惑をめぐっては、不思議なことばかり起きている。何故、稲氏の警察への相談の内容が細部まで神社本庁側に漏れ、有り得ない刑事告訴が警視庁に受理されたのか。このことについては、関係者の周辺であることが囁かれている。それは、神社本庁疑惑の黒幕、打田文博神道政治連盟会長と警視庁公安部との深い関係だ。まず、稲氏が相談した内容を神社本庁側に漏洩したX警部補とは、打田会長が神社本庁の職員であった時代から懇意の関係にあった。そして数年前には、公安部の幹部職にあるY警視正と連れだって、打田会長が宮司の静岡県・小國神社近くのゴルフ場まで、神道政治連盟事務局の手配でコンペに出掛けていたというのだ。

公安部警察官による不適切な行為が原因で、稲氏は解雇、瀬尾氏は減給降格の懲戒処分を受けた。もとより不当な処分であり、民事裁判で正当な判決がでれば両名の地位は保全されよう。しかし、現状において彼等は二年半もの間、極めて不条理な状況に置かれている。その背後には、疑惑の中心にいる神道政治連盟打田会長と警視庁公安部との度を越えた関係が見え隠れしているのだ。この事態を警視庁公安部のＹ警視正は如何に認識しているのであろうか。

（令和二年一月・藤原　登）

警視庁公安部がはいる霞が関の警視庁本部

## ここまで堕ちたか神社本庁
## 自壊の日は近いか？　打田会長の闇のコネクションと内田弁護士

前号で今の日本を覆う、憂うべき状況に触れた。官民挙ってトップが組織を私物化し、そこに利権集団と子飼いたちがハイエナの如く群がり、組織が蝕まれていく姿だ。神社本庁は、その象徴的存在と成り果てた。

自壊への道程は平成二十九年八月、百合丘職舎売却をめぐる疑惑を告発した職員二人を懲戒処分にしたことで始まった。処分を受けた稲、瀬尾両氏はただちに地位保全を求めて神社本庁を提訴。それから二年余を経て今月二十日には証人尋問が行われ、オリンピック前には判決が出される見込みという。

裁判の過程で職舎売却の不正を裏付ける新事実が次々に露見したが、加えて不祥事が続発している神社本庁の執行部は、昨年の田中総長四選の勢いが嘘のように延命活動に必死のようだ。今号でもその内実に切り込む。

### ■懲戒処分と訴訟対応は、打田ー内田ラインが段取り

この裁判で神社本庁の代理人をつとめる内田智氏が神社本庁の顧問弁護士に就任したの

は数年前のこと。百合丘職舎の売却代金で購入した七千万円のマンションに入居したものの、一年余りで明治神宮に転出した眞田氏が秘書部長に就任して間もない頃という。その経緯をある本庁関係者は、政治力を駆使して強権支配体制を構築し、神道政治連盟の会長から神社本庁の総長を目指す打田氏が、それを法務面から支えるための人材として送り込んだのだろうと見ている。

すでに職舎売却疑惑が表面化していた平成二十八年には、神社本庁の懲戒規程が全面的に改められたが、これは当時の眞田秘書部長が内田弁護士の指導のもとに立案し、役員会に上程したものだと言う。これは、神社本庁の判断でいつでも神職の馘を切れるようにするためではないかと、当初から関係者の間で囁かれていた規程である。

職員二名の懲戒処分に至る手続きも同様に、打田氏と裏でつながる内田弁護士のもとで進められたものであろう。内田氏の表看板はあくまでも神社本庁の顧問弁護士であるが、それに騙されてはいけない。実際には神政連打田会長の意向のもとに仕事をしているふしがあるからだ。だから打田会長子飼いの本庁職員も、絶大の信頼を置いているのだ。

そして被告側は裁判において、原告の稲氏を懲戒解雇したことの正当性の根拠を、神職の精神的規範である神社本庁憲章とともに、この懲戒規程にあると主張しているのだから呆れるほどと思う。そして、被告側の論理を逸脱した主張を知れば、正常な人間ならこの裁判の性格と結末をただちに理解できるだろう。

## ■「懲戒規程」の目的は

懲戒規程には施行細則があり、その第二条では懲戒規程について、「包括宗教団体たる神社本庁」が、「被包括神社の神職」等を対象とした、「宗教団体における懲戒事項」を定めたものであり、「一般労働法規に照らした懲戒とは異なる」としている。神社本庁が包括している神社の神職は、当該神社の宮司や禰宜として神社本庁から任命されているから、その職分における懲戒も神社本庁が行い得るが、一方でそれぞれの法人格を有する神社は、神職である職員と雇用関係を結んでいるため、ここでの懲戒は、労働法規に基づく懲戒とは性格の異なる宗教上のものであることを明言しているのだ。

そして稲氏の懲戒解雇処分は、雇用関係における職員の規律や労働条件を定めた就業規則によるもので、神職に適用される懲戒規程のことなど、稲氏の解雇理由証明書では一切触れていない。神社本庁は明確に労働者としての稲氏を解雇したのだ。にもかかわらず、裁判になってから懲戒規程を持ち出すなど、後だしジャンケンもいいところだろう。ここに、瀬尾氏も含めた懲戒処分の不当性だけでなく、懲戒規程の真の目的も見えてくるというものだ。

## ■神社本庁を食い物にする打田会長の闇のコネクション

今回の百合丘職舎売却の背景には、当初から神道政治連盟打田会長の闇のコネクションが見え隠れしている。田中－打田体制はあくまでも表看板で、数々の裏看板が今回の疑惑には隠されている。黒幕である打田氏からは疑惑の触手が何本も延びているのだ。

それはこれまで度々書いてきた通り、職舎売却先のディンプル・インターナショナルの高橋恒雄社長であり、季刊誌『皇室』を独占販売していたメディア・ミックスの創業者、福田富昭氏であり、また前号では、警視庁公安部の幹部警察官との癒着についても言及した。さらに、職舎売却に違法行為はなかったとする調査報告書をまとめた元文部事務次官の國分正明氏との繋がりを怪しむ関係者もいる。

しかし、裁判における神社本庁側の主張からは、打田会長の姿は見えてこない。そもそも打田氏は神社本庁の役員でもなく、職舎売却には無関係と主張し続けてきたのだが、ここまで書けば、その理由は誰の目にも明らかだろう。

## ■自壊の日は近い

本裁判では如何なる判決が下されるか。もし被告の主張が認められることがあれば、宗教団体における労使関係にも多大の影響を及ぼす可能性があり、他の宗教団体関係者も静かに注目しているようだ。

何れにしても懲戒処分の根拠として、神社関係者の精神的規範である神社本庁憲章に違背したからだと懲戒規程を振りかざす姿に、神社本庁現執行部の胡散臭さを感じずにはいられない。訴訟関係の資料を見ると、原告の稲氏は神社本庁憲章の精神が神社関係者に浸透するよう、真面目につとめていた職員であったことが伺える。ある本庁関係者は、万が一にも正当な処分であるとの被告の主張が通るとすれば、現執行部の寿命があと一、二年延びることの代償として、神社本庁存立の信仰的根幹は完全に崩れ落ちると明言した。神社本庁の現体制が自壊する日は近いのか。正統的神社神道の立場に立つものは、今からその日に備えるべきだ。

（令和二年二月・藤原　登）

## 田中ー打田体制の利権構造を草莽神職の志が打ち砕く

崩壊の日が迫りつつある神社本庁での、ここ一ヶ月間の出来事を紹介しよう。

○元職員等から提訴されていた地位保全裁判は、六月二十五日に和解協議が行われた。裁判長は既に心証を固めたらしく、懲戒処分の撤回と原告の復職を前提とする和解案を神社本庁に示したようだ。神社本庁が和解に応じなければ、被告側の全面敗訴になるだろう。

○神社本庁幹部職員の不倫報道をめぐっては、七月一日の人事異動で当事者の小間澤参事は兼務の秘書部長を外れたが、渉外部長はそのまま。不倫相手の美人秘書課長は六月末で依願退職したが、二人に対する処分はない。その理由について神社本庁は、説明責任を果たそうともしない。

○七月十六日に京都で役員会が開催された。田中総長はコロナ感染者の増大を口実に中止しようとしたが、さすがに異論があったため場所を地元の京都に変えたようだ。それにより、田中総長に目を光らせている東京在住の鷹司統理は欠席を余儀なくされ、和解勧告が出されている裁判への対応についても協議した気配は無い。

〇七月二十一日に予定されていた神社庁長会は、またもコロナ感染防止を理由に中止となった。確かに首都圏はじめ大都市圏で感染者が増大しているが、田中総長が全国規模の会議開催で恐れたのはコロナの感染拡大よりも、執行部批判の拡大であったようだ。本当にコロナが理由なら、リモート会議で開催すればよいだけのことだ。

これだけ見ても、組織的に神社本庁が崩壊同然であることは明らかだろう。

## ■田中総長の刑事責任追及の動き

相も変わらず厚顔無恥の田中―打田体制だが、田中執行部追求の動きは全国に広がりつつある。中でも特筆すべきは「草莽神職の会」という神職有志の団体による、田中総長の刑事責任を追及する動きだろう。地位保全裁判でも争点となっている百合丘職舎の売却に背任行為があったとして、本年六月に田中総長を東京地検に刑事告発したのである。

職舎売却をめぐる疑惑が表面化してより、既に四年が経過している。本来であればその間に組織の自浄能力が働いて解決されるべきであった。筆者もそれを願い本紙に連載を続けてきた。北白川統理の後を継いだ鷹司統理は、神社本庁の正常化に力を注いできたが、田中―打田体制側の理事をはじめ、小間澤部長を筆頭とする打田会長子飼いの幹部職員等が数々の妨害行為を繰り返してきた。その中には、統理を誹謗する怪文書事件まであった。その結論が今回の刑事告発だろう。組織の自浄能力に期待できないなら、全国の草莽神職が立ち上がる以外にない、と決意したのだ。本来の神社本庁を取り戻すために、身分の別なく草莽崛起した維新の志士たちのように、怯むことなく田中総長に立ち向かってほしい。それは、今回の事件は神社本庁内部の問題だけにとどまらないからだ。

## ■神社本庁の利権構造と宗教法人法

神社本庁も、包括下の全国神社も、宗教法人法により法人格を付与されている。しかし、宗教法人法と神社とは〝ミスマッチ〟であると、大多数の神社関係者は考えているようだ。例えば、宗教法人法は「宗教団体」の目的について、「宗教の教義をひろめ」るものと定義する。しかしこれでは、教義のない神社が宗教法人格を取得するには、法律の定めにより教義を明文化しなければならないことになる。また宗教法人法のもとでは、基本財産の売却はおろか神社の解散すら、数名の責任役員の判断で可能になるなど、歴史ある神社の永続性が完全には担保されない。しかし戦後の法制度のもとでは、神社は宗教法人法によってしか法人格を得る道が無かった。戦後、全国神社の総意で神社本庁が設立された理由は、国家の管理を離れても関係者が支え合って、神祇祭祀の伝統と神社の護持に努めてゆくことにあり、関係者はその後も一貫して宗教法人法の改正、もしくは神社法人法のような新法の制定を希求してきたのだ。

しかし、田中―打田体制下の神社本庁は、全く変質してしまった。田中氏は、神社本庁の規則を都合よく解釈して総長まで上り詰めると、今度は代表役員である総長の立場を利用して、神社本庁の基本財産であった職員職舎を知り合いの不動産会社に廉価で売却しただけではなく、全国の著名神社の宮司人事に度々介入し、神社界を混乱させる元凶となってきたのだ。田中―打田体制による利権構造の存続は、神社を崇敬し支えてきた日本国民に対する背信行為以外の何ものでもない。

## ■正常化の前に清浄化を

新型コロナ感染症の流行は収束に至らないばかりか、第二波と思しき感染者の増大が続いている。オリンピックに拘り続ける政府の対策は、今も混乱したままである。しかし、それでも欧米諸国に比して感染率、死亡率が圧倒的に小さいのは、単なる偶然とも思えない。それに極東の島国である日本の風土が関係しているとするなら、神社神道に代表される日本人の信仰や思想、そして伝統的生活習慣も関わっているだろう。日本では昔から疫病や病害虫、自然災害に悩まされ続けてきたが、その中で禊祓(みそぎはらえ)に代表されるように、清浄を尊ぶ信仰が継承されてきたのだ。

しかし、その本家本元であるべき神社本庁の現状は、真に情けない限りである。今こそ神社本庁、神社界は組織を挙げて禊祓を行い、自ら清浄な姿に立ち返らなければならない。神社本庁の本体に自浄能力が無いことが判明した今、それが出来るのは、全国各地で神社を守り続ける草莽の神職たちである。神社本庁を糺すために、志ある神職たちの力に期待する。

（令和二年八月・藤原　登）

# コロナ禍と神社本庁
# 炙り出された田中—打田体制の本質

新型コロナウィルスの毒性は弱まったように見えるが、神社本庁の田中—打田体制は、この期に及んでも弱毒化の気配が見えない。コロナ禍まで味方にして延命を図ってきているのだが、これは逆にコロナが収束すれば田中—打田体制は、延命のための大切な道具を失うことを意味する。あらゆる意味で、一日も早いコロナの収束を祈るばかりだ。

## ■新型コロナの感染拡大と神社本庁田中執行部の対応

コロナをめぐる神社本庁の対応を振り返ると、行政の対応に準拠して各神社や神職の対応を求める文書を都道府県神社庁長宛に通知したのが二月末であった。続いて、三月初めには「新型コロナウィルス感染症流行鎮静祈願祭執行の件」を通知。そして三月末には小池都知事の要請を受けて職員を自宅勤務とし、神社本庁は事実上の臨時休業状態となったが、その後、政府による緊急事態宣言などを受けて、自宅勤務は五月末まで逐次延長された。

その間、五月に予定されていた神社本庁の新年度予算などを決める評議員会は中止となり、代わりに常任委員会という小規模な会議が、それも書面により開催されることになった。また、その間、神社庁長会はすべて中止となり、役員会は四月から六月までの間、文書会議が一度開催されたのみ。せめて役員会はリモートで開催して、コロナ禍での神社の対応などを協議するのが神社本庁の役割であったはずだ。

## ■コロナ禍が炙り出した田中執行部の本質

さらに驚くことは、コロナ禍により各神社の収入が激減したため、県内の神社に課す負担金を半分に減額するなどの措置を講じている神社庁があるにも拘わらず、神社本庁は前年と同額の負担金を予算計上したのである。これにはさすがに各委員からも批判の声が上がったために、本庁執行部は、負担金の減免措置は専門の委員会での協議を経た上で補正予算にて対応するとの回りくどい釈明をして新年度予算を成立させたという。

この田中執行部の体質について、ある委員の意見がことの本質を突いているので紹介しよう。

「近年、神社本庁に関するスキャンダルが度々週刊紙等に掲載された。いずれも神社本庁内では犯罪行為はなく、倫理にも悖らないとの結論に達したと伝聞している。ついては、本年度法務関係費を増額し、改めて各記事掲載各社に対し、名誉棄損の訴訟を行い、謝罪文の掲載を求め、明明白白に神社界の清廉さを証明願う。」

ここでの「スキャンダル」とは、最近では田中総長の側近で神道政治連盟打田会長の子飼いである小間澤部長の部下との不倫疑惑、遡れば百合丘職舎廉価売却などをはじめとする数々の疑惑を指している。もとより訴訟など起こせば、逆に報道内容が事実であることが証明されてしまうため、田中執行部は一連のメディア報道に対し、無視を決め込むしか方法が無いのだ。コロナを理由とした臨時休業も会議の中止も、疑惑の追及から逃れるためであることも明らかだろう。

コロナ禍という試練は、日本の組織文化の良いところも悪いところも炙り出した。同時に、神社本庁田中執行部の本質も見事に炙り出したと言えよう。

## ■安倍政権の足を引っ張る田中ー打田体制

田中ー打田体制下で発生した数々の疑惑は、安倍政権下で問題となった疑惑と較べるといささか規模は小さいものの、同質の腐敗現象が同時的に進行していたことに驚かされる。例えば、以下の通りだ。

○おともだちの学校に便宜をはかったとされるモリカケ問題と、おともだちの会社に便宜をはかった職舎売却問題。
○おともだちの議員(宮司)、官僚(職員)を登用し、邪魔をする議員(宮司)、官僚(職員)はどんな汚い手を使っても追い落とす。
○忖度か命令かは不明だが、文書を改竄する安倍政権下の官僚と田中執行部の職員
○コロナ禍にあって国会を開かない安倍政権と、会議を開かない神社本庁田中執行部
○官邸官僚の不倫疑惑が報じられた安倍政権と、側近職員の不倫疑惑が発覚した田中執行部
○主要メディアをコントロールする安倍政権と、唯一の業界紙「神社新報」に圧力をかける田中執行部

すべてに共通するのは公共性の欠如による組織の私物化である。そして規模や動いたお金は当然ながら安倍政権の方が大きいが、方法が露骨かつ悪質なのは田中執行部の方だ。モリカケ疑惑で問題にされたのは議員や官僚の忖托だが、神社本庁での数々の疑惑は、明らかに田中―打田側の直接の指示である可能性が濃厚なのだ。巷間言われているように神社本庁が安倍政権を支える存在ならば、神社の組織らしく精神的な支えに徹するべきであった。権力闘争など政治の裏側を必要以上に学習、実践してきた結果、逆に安倍政権の足を引っ張る結果に陥ったのだ。

## ■正常化は神道人の覚悟次第である！

八月四日の産經ニュースは、神道政治連盟国会議員懇談会の幹事長をつとめる中曽根弘文参議院議員が首相官邸で安倍同会会長と面談し、本年予定されていた神道政治連盟との共催による設立五十周年記念式典の中止の方針を伝えたと報じている。表向きはコロナの感染拡大が中止の理由だが、神道政治連盟と、母体である神社本庁を巡る現状を考えれば、とても五十周年を祝う環境にないことは明らかだ。

もはや神社本庁も神道政治連盟も自壊間際だが、自壊しても疑惑の真相が究明されなければ、正常化への道は険しい。そして真相が究明されたとき、これまで組織の隅々を蝕んできた田中—打田体制の毒素の本質も明らかとなる。毒素の性質や感染状況を見極め、二度と蔓延することのないよう封じ込めるためには、神職の教育のあり方から根本的に見直してゆくべきであろう。将来の日本のためにも、良識ある全国の神道人、神社関係者の度量と覚悟に期待したい。

（令和二年九月・藤原　登）

## 民事と刑事で追い詰められる田中総長
## 京都での評議員会は自浄への口火となるか？

### ■民事裁判は結審へ

職舎売却をめぐる執行部の背任行為を内部告発したことで、解雇及び減給降格の懲戒処分を受けた職員二名が、処分の撤回を求めて神社本庁を東京地裁に提訴していた裁判は、八月二十日に開かれた和解協議が決裂したことで、十月二十九日の口頭弁論で結審する運びとなった。

これに関し、九月十日に京都で開催された神社本庁役員会では、内田智顧問弁護士が裁判の状況について説明したという(九月二十一日付神社新報)。神社本庁はこれまで、証人尋問の前後でさえ裁判の状況について役員会で説明せず、神社新報も報道してこなかったことから意外な感じがするが、記事の内容で合点がいった。内田弁護士は被告側からみた裁判の争点に触れた上で、判決までの流れを説明したようだが、三年間にわたる審理の経過をたどれば、判決内容はおおよそ察しがつく。故に、役員会での経過説明もないまま懲戒処分を撤回せよとの判決が出されることは、顧問弁護士の立場でもさすがに問題があり、控訴するにも支障が出ると感じたことから、役員会で説明することにしたのだろう。

この説明に対し、リモートで出席した鷹司統理は最後の挨拶で、「最終的な勝敗に対して責任が伴うものである」ことに言及したが、至極当然の発言である。懲戒処分以来三年間の経緯を見れば、その責任は全役員に及ぶことも付言しておこう。

## ■刑事告発は検察審査会へ

この民事裁判とは別に本年六月、「草莽神職の会」の代表をつとめる愛知県名古屋市・日吉神社の三輪隆裕宮司が、神社本庁の田中恆清総長を背任容疑で東京地検に刑事告発していたが、その記者会見が役員会と同日の九月十日に司法記者クラブで行われた。中外日報の記事(九月二十日)によれば、告発状は受理されたものの九月四日付で不起訴処分となったため、三輪氏は東京検察審査会に不服を申し立てたという。告発を受理した東京地検は河井夫妻の選挙違反事件で多忙を極めており、ろくに捜査もせずに不起訴にした疑いがある。検察審査会で「起訴相当」が議決される可能性は十分にあるだろう。

今回の刑事告発には三輪氏だけでなく、草莽神職をはじめ関係者三十名以上が告発状を提出したというから、神社界にとって前代未聞の出来事だ。背任行為などないというのなら今からでも遅くはない、田中総長は堂々と事の経緯と自らの潔白を公の場で説明すべきだ。それも出来ないのに総長の座に居座り続けること自体、全国神社への背任行為であり、疑惑の動かぬ証拠ではないか。

## ■京都での評議員会に注目すべし

こうした中、神社本庁の評議員会が十月二十三日にホテルグランヴィア京都で招集される。神社本庁の大講堂以外で評議員会を開催するのは、極めて異例という。コロナ対策で三密を避けるというのなら、京都でなくとも換気のよい大ホールは都内にいくつもあるだろう。それでも役員会も含めて京都開催にこだわるのは、田中執行部に連なる面々が現体制の維持のために、総長の地元である京都で奇策を練っているのではないかと関係者は語る。

しかし、旧幕府勢力崩壊の口火となった鳥羽伏見の戦いのように、京都から田中—打田体制の敗走が始まるのではないか。結審を迎える民事裁判と刑事告発により、崩壊は決定づけられたと言ってもよいからだ。しかし、それが単なる現体制の崩壊だけで終わるのなら、何も変わらないのと同じだ。自浄への一歩となるかどうかは、全国から京都に集まる評議員の意志と行動力にゆだねられているのだ。

田中執行部は体制維持を図るために、疑惑の発端となった職舎売却の契約書など、本来開示すべき情報を、田中派が大半を占める役員にすら固く閉ざしてきた。当然、評議員の扱いは役員以下であった。故に、五月に予定されていた評議員会はコロナ禍を理由に規模を縮小し議題も制限して、それも文書会議で済ませたのである。評議員の発言封じである。

しかし、田中派が過半数を占める役員会が鷹司統理の意に反してまで田中―打田体制の御用機関に堕している現在、彼らを理事として選出した評議員会にも大きな責任がある。今月二十三日の評議員会では、幹部職員の不倫疑惑や不可解な役員の自殺など、昨年の四選以降の田中執行部の問題のみならず、疑惑の出発点となった百合丘職舎売却問題とその背景―云うまでもなく、田中総長を裏から動かす神道政治連盟・打田会長とディンプル社・高橋社長との関係である―について厳しく執行部を追及してゆくべきである。神道人のみならず、神社を信頼し崇敬する全国民が見ているのだ。

（令和二年十月・藤原　登）

公　告

庁規第二十九条の規定により、評議員会の十月定例会を次の通り招集します。

一、会　期　令和二年十月二十三日（金）
　　　　　　午後一時

二、会　場　ホテルグランヴィア京都
　　　　　　京都市下京区烏丸通小路下る
　　　　　　東塩小路町九〇一番地 京都駅ビル内

令和二年八月三十一日

神社本庁
統理　鷹司　尚武

評議員に対する招集状及び議案は追って送付します。

神社新報に掲載された評議員会招集公告

## 評議員会で神社本庁の分裂状況が鮮明に
## 田中総長の独断を制した鷹司統理の決意

本連載で度々引用している「神社新報」は、神社界のニュースを報じる週刊の新聞である。その十月十九日号は第一面で、七五三や正月の初詣を迎える中での神社界の感染症対策を特集していた。そこに紹介されていた「変わらない祈りのために」キャンペーンの記事を読んで、何故か違和感が生じてきた。神社本庁の疑惑とは関係ないが、大切な事と思うので簡単に触れておく。

違和感の原因は、国民の信仰に関わる問題に「キャンペーン」という認識で対しようという姿勢と、その姿勢に垣間見える下心である。キャンペーンの内容は、「新しい生活様式」に準じた参拝方法を提案するものであり、身体的距離の確保やマスクの着用など、常識的なものである。問題は、こうしたキャンペーンには、個々の現場への視点が欠落していることにある。

山村地域と都会の人口密集地では、はじめから人々の生活様式が違っているように、神社の在りようも大きく異なるのではないか。ならば神社のコロナ対策は上から目線ではなく、地域ごとの相違を踏まえたものであって欲しいし、地域に密着している神社はどこも、地域との信頼関係の中で参拝者を迎え入れる準備をしているると思うからだ。

さて、十月二十三日に京都のホテルで開催された神社本庁の評議員会は、ウィルスならぬ会議の中身が漏れないよう、三密回避とは正反対の情報密閉状態で開催されたようだが、関係者への取材で判明したそのハイライトをお伝えしよう。

## ■佐野評議員が神社本庁の根本問題について指摘

神社新報に二回にわたり神社本庁の正常化を願う寄稿文を寄せた旧職員の佐野和史評議員がこの日の主役であったようだ。まず、令和元年度業務報告について、昨年の大嘗祭当日、神社に奉られた神社本庁幣の取り扱いについての疑問と、当年度の離脱神社数が十三社と、例年と比較して増加していることを指摘した。次の令和元年度決算報告については、愛知県の牧野武彦評議員が、弁護士の顧問料についての質問を皮切りに、まもなく結審となる地位保全裁判に敗訴した場合の責任の明確化を要望。続いて長野県の宇治橋評議員が和解による解決を要望したことに対し、岩橋秘書部長が、百合丘職舎売却問題の再調査を要求する原告側の姿勢を問題視する答弁。これらのやり取りを受けて、この日のもう一人の主役である埼玉県の小林一朗評議員が続いた。

## ■頓珍漢な小林評議員の問題提起に佐野評議員が反論

実は評議員会に先立ち、神社本庁の自浄を願う会では各評議員に対し、神社本庁の抱える疑惑を改めて指摘する文書を十月九日付で送付していたが、その自浄を願う会が事務局を置く法律事務所は、弁護士でもある立憲民主党の枝野代表が名前を連ねる反日の事務所であると小林評議員は指摘。続いて台湾問題や習近平訪日、アメリカ大統領選挙などを引き合いに、重箱の隅をつつく質問をしている時間があるなら、神社界の力を国家の危機に結集すべしと訴えた。論点のすり替えも甚だしいが、小林評議員が本気でそう考えるなら、今日の危機を招いた第一の責任者である自民党政権の糾弾に、神社界の力を結集しなければならないところだ。この小林評議員の暴論に対し佐野評議員は、田中執行部派と自浄派に分裂した神社界の崩壊は国家の危機でもあると理を尽くして反論したが、その間、小林評議員は議長の許可もなくヤジを飛ばしていたという。同氏は田中総長に雇われた総会屋であろうか。

## ■田中総長の挨拶に鷹司統理が毅然と神対応

佐野・小林両評議員の論戦は間違いなく、最後の田中総長と鷹司統理の挨拶に引き継がれた。田中総長は最後の挨拶で、佐野評議員の発言は評議員会には相応しくないと批判。それに加えて、日本の裁判は三審制を採用していることを引き合いに、職員の地位保全裁判に神社本庁が負ければ控訴するのが当然であると主張したのだから、聞いていた評議員は唖然としたことだろう。こんな内容の総長挨拶こそ、評議員会には全く相応しくない。

そして最後に鷹司統理が挨拶にたった。いつもは事務局が準備した挨拶文を読んでいたのだが、その内容では恥ずかしいと、統理自身の言葉を評議員に向けられた。そして、これまでの裁判対応が、総長と顧問弁護士のみで進められてきたことに対し、地裁判決が間もなく出されるにあたり、今後の裁判の取り進めには評議員の意見を反映させなければならない。ついては、神社本庁に意見を寄せられたいと、統理自ら述べられたのだ。聴衆を馬鹿にした田中総長の挨拶を黙って聞かされていた評議員は、この鷹司統理の挨拶に大いに勇気を得たことだろう。今度は全国の評議員が、鷹司統理の言葉に応える番だ。

京都での評議員会で、ついに崩壊寸前の田中執行部の現状が露呈した。会議の運営も予定していた自由討論が時間切れで省略されるなど、前代未聞の事態の連続であったようだ。コロナ対策を大義名分に京都のホテルで開催することで、自浄派の職員や傍聴者、そして取材を制限し、三密ならぬ秘密の評議員会で終らせたかったのだろうが、すべて失敗に帰したようだ。

前号でお伝えしたように、この京都から賊軍・田中執行部の敗走がはじまるだろう。しかし、損得で動く彼らには旧幕府軍のように、最後まで戦い抜く気概も、忠誠を尽くす列藩も存在しない。地位保全裁判の判決日は決まったはずだ。果たしてその日が、田中―打田体制終焉の日となるか。

（令和二年十一月・藤原　登）

# 第三章　あるべき姿を求めて

## 前代未聞の神社本庁執行部の醜態
## 生まれ変わって組織改革を断行せよ

女子レスリングの伊調馨選手らに対するパワハラ問題では、日本レスリング協会はパワハラ行為のあったことを認定した第三者委員会の調査報告書を受けて、栄和人強化本部長が辞任した。一見、スッキリ責任をとったかのように見えるが、明らかなトカゲの尻尾切りである。いくら何でも長期間に亘る数々の妨害行為を他の協会幹部が知らない筈はない。何れ内閣府が独自の調査結果に基づき、公正、厳正に改善を求めてゆくものと信じたい。行政機関全体に対する信頼が揺らいでいることもあり、公的機関のやることが必ずしも公明正大であるとは限らない。しかし、こういうときこそうやむやに終わらせず厳格に対処しなければ、公益法人のみならず、行政そのものの存在意義が問われている今日の事態は変わらないだろう。

その痛くもないトカゲの尻尾を切って現体制の存続を図ったレスリング協会の対応に比較してさえ、違法行為は無かったとする調査委員会報告を根拠に告発者を懲戒処分にした上で、今も隠蔽工作を続ける神社本庁の対応は最低であり、倫理観のレベルもレスリング協会の遥か下である。その上、宗教法人である神社本庁の運営は、基本的に内部自治に委ねられているため、不正行為があったとしても明確な法律違反が無ければ、行政が神社本庁に厳しく対処することはできないようだ。全国組織の宗教法人を所管するのは文化庁だが、「信教の自由」に守られている宗教法人の行為には、著しく公共の福祉を害することが伴わない限り、所轄庁が直接関与することは制度上出来ないということだ。

宗教法人法の第一条一項には、「この法律は、宗教団体が、礼拝の施設その他の財産を所有し、これを維持運用し、その他その目的達成のための業務及び事業を運営することに資するため、宗教団体に法律上の能力を与えることを目的とする。」とあり、二項には、「憲法で保障された信教の自由は、すべての国政において尊重されなければならない。従って、この法律のいかなる規定も、個人、集団又は団体が、その保障された自由に基いて、教義をひろめ、儀式行事を行い、その他宗教上の行為を行うことを制限するものと解釈してはならない。」と定めている。

要するに、宗教団体に法人格を与えるのが宗教法人法の目的であり、この法律に基づいて全国の寺社をはじめ教会などの宗教団体には法人格が与えられている。そして宗教団体には当然、神や仏などその表現と内容は異なるものの聖なる面がある。この聖なる面こそ宗教団体の本質であるが、憲法で保障された信教の自由の観点から、そこに行政が関わることは一切あってはならない、というのがわが国の宗教行政の基本なのだ。公益法人認定法が、公益目的事業を細かく規定しているのとは法律の性格が全く異なっている。宗教の持つ歴史と特殊性、そして西洋で繰り返された政治とキリスト教会との権力闘争への反省からなる法思想が、日本の宗教法制度の前提となっているということだ。そこから、厳格な政教分離の考え方もでてくるようだが、神社本庁は昭和四〇年代におこされた津地鎮祭訴訟への対応を通して「政教関係を正す会」を設立するなど、政治と宗教の完全分離は国民の社会生活にも様々な弊害をもたらすと、啓蒙活動をいろいろと行ってきたはずだ。

ところが現在の神社本庁は、昨年一二月号でも触れたように、必ずしも神社の本質や歴史的な位置づけに適合しているとは限らない宗教法人法を逆手にとって、「当局の手」が及びにくいことをいいことに、不動産売買や有名神社の人事などで好き放題を繰り返しているのだ。その神社本庁が神道政治連盟と組んで憲法改正運動の旗振り役とはまことに恐れ入る。

それどころか、文化庁のウェブサイトを見てみると、文部科学大臣の諮問機関である宗教法人審議会の二十人程度の委員に、各メディアが報じるところの疑惑の第一人者である打田文博氏が、平成二十年から昨年まで長期にわたって就任していたのだから驚きだ。宗教法人法は宗教法人審議会について「委員は、宗教家及び宗教に関し学識経験がある者のうちから、文部科学大臣が任命する。」とあるが、さすがに疑惑報道が続く中、宗教家諸氏の中での居心地がたいそう悪くなって交替したのか、現在は外れている。それでも神社本庁は尻尾切りどころか、前号で報じたように尻尾の総務部長を安全地帯に逃し、隠蔽と誤魔化しを続けるつもりのようだが、いずれ内部から崩壊するのは時間の問題だろう。

四月九日付けの神社新報によれば、五月二四日、二五日の両日、神社本庁で評議員会の定例会が招集される。また、打田文博氏が会長である神道政治連盟の役員会や中央委員会など、諸会議が六月一二・一三日に開催されることも告知されていた。神社本庁に詳しい関係者によれば、五月の神社本庁の会議は、全国神社総代会など関係団体の会議も含めて一週間ほど続くそうだが、全国に百七十人近くいる評議員をはじめ、関係者が一堂に会し、神社本庁の重要事案が審議されるということだ。昨年十月一九日に開かれた評議員会の模様を伝える神社新報(十月三〇日付)によれば、この時は職舎売却の調査報告に対して、不動産の処分のあり方や百合丘職舎売却で契約先であるディンプル社が行った中間省略登記をめぐる問題、そして神社本庁の危機管理体制と現在の職員の居住地について、さらには神社本庁執行部の不正を報道したメディアに対する抗議や訂正措置のことなど、様々な角度から職舎売却をめぐる疑惑について質問がなされている。結果的にはその追求も、その時点では執行部に責任を認めさせるまでには至らなかったわけだが、この五月に開催される評議員会では、さらに厳しい追求が予想されるし、そうでなければならないだろう。そして組織の自浄を願う神社関係者には、ただ追及するだけでなく、明確なビジョンをもって発言することを期待したい。その声に込められた言霊が、崩壊から再生へ向けたエネルギーになると信じるからだ。

新しい神社本庁が、如何に組織の透明性、公益性を担保してゆくか、内外の信頼関係を築いてゆくべきか、他の公益法人のような行政による厳格な監督が法律上不適切ならば、それに代わるしくみを自らつくりあげるということも一つの方法ではないか。我々民族派諸氏は、すべからく神社本庁をはじめとする神社関係者が、昨今の時局の重大性を認識し、全国の神社が日本人の精神的な道しるべとなって率先活動できるよう、神社本庁の再生に力を注がれんことを願っている。

良識派の声を結集すべし。悪の連鎖を根絶し、生成発展の礎となれ。

（平成三十年五月・藤原　登）

# 神社本庁と日本大学は組織の膿を出し切れ　ともにタナカ・ウチダ体制が諸悪の根源か？

学生数約七万人を誇る日本大学。そのアメフト部の一選手が、関西学院大学との定期戦でおこなった悪質な反則プレーが、このマンモス大学全体を揺るがす大事件となっている。その事件の背景からは、神社本庁の職舎売却疑惑とうりふたつの構図が見えてきた。本号では、日大問題を絡めて、神社本庁の疑惑の本質を浮き彫りにする。

## ■人事権で組織を支配する

これまで、神社本庁をめぐり噴出する疑惑の数々を独裁権力の横暴として捉えてきたが、日大アメフト部の事件報道に接し、疑惑の構図とその特異性がより明らかとなってきた。

権力の亡者は、すべてを自分の意のままにあやつろうと考える。そのための近道は人事権を掌握して、従う人間にはアメを与え、反抗する奴らは窓際に追いやる。そうやって周辺をイエスマンで固めて私物化していく。適材適所や人材育成は、権力集中の役に立たないばかりでなく、私物化の邪魔になる。反抗するものには脅しをかけ、ラインから外して閑職に追いやる。

そうして私物化された組織が、現在の神社本庁であり日本大学なのだ。因みに日大の田中氏は、理事長職に一〇年、神社本庁の田中氏は総長職に八年という長期政権だ。その腹心が日大は内田常務理事、神社本庁が打田神道政治連盟会長で、ともにタナカ・ウチダ体制である。

何から何まで似た者同士の両団体トップは、周りがイエスマンばかりの長期政権で、世間様が全く見えてないらしい。その当然の帰結として、現在、危機的状況を迎えているのだ。

## ■勇気をだして真実を語る

関学との定期戦で反則行為を犯した日大のアメフト選手の五月二二日の記者会見は自分を捨てた覚悟の会見であった。反則行為は許せないが、二十歳の選手の思いは、我々にも充分に伝わった。これに対し、その翌日の二三日に大学で行われた内田元監督、井上コーチの会見は、二四日発売の週刊文春によれば、田中理事長とも申し合わせ済みのシナリオに沿ったもので、取り敢えず井上コーチに現場での責任を負わせ、日大執行部の責任を免れようとしたものとしか思えない。しかし、必然的にその目論見は大きく外れた。外れるどころか、火に油を注ぐ形で日大の恥部が大々的に拡散された。

それであわてて、今度は学長が緊急記者会見を開いたが、これまた真相究明には程遠く、頓珍漢な会見に終わった。これも田中理事長の指示によるとしか考えられない。

こうした事態の中で、これも必然的に日大アメフト部員はじめ、その父母会、そして教職員組合が立ち上がろうとしている。誰が見ても、もはや理事長以下執行部の総退陣以外に日本大学再生の道はない。

## ■特異な組織・宗教法人「神社本庁」

大学はアカデミックな教育と研究を行う学問の場である。それを学生や教職員が自由闊達に進めるために、「学問の自由」と「大学の自治」が、大学存立の前提とされている。最近はあまりこの言葉を表立って聞かなくなったが、学問、学術の振興、発展のために大切なことだろう。

この「学問の自由」に対して、「信教の自由」も、近代国家が保証すべき国民の基本的人権である。そして、この「信教の自由」を擁護するために、大学の自治とは別次元の内部自治が、宗教法人には認められていると考えられる。

こうした、「学問の自由」や「信教の自由」という近代社会の前提となる国民の権利を、国や行政機関が圧迫するのではなく、その自由と権利のもとに存立し、それが圧迫されるようなことがあれば決然と対処することが求められるはずの大学や伝統宗教団体の執行部が、自ら蔑ろにして顧みないという信じられない事態が起きているのだ。現在の日本大学と神社本庁で起きていることを見る限り、そう断ぜざるを得ない。「不当な支配」を国や行政でなく、当該組織の執行部が、本来自分たちが守るべき構成メンバーに加えているという、普通はあり得ない異常な事態なのだ。

両執行部が目指しているのは学問の発展でも、神社の振興でもなく、その組織の中で自分たちの利権体制を確立することなのだ。彼らにとって、学問も信仰も関係ないのだ。特に宗教法人である神社本庁は、財産管理などの法人運営も、本来の目的である宗教活動も同一人物が責任者であるから、大学以上に救いようがない。全国の神社の発展のために活動すべき神社本庁が、宗教法人法を悪用して組織を私物化し、全国の神社を自分たちの食い物にしようとしているのだ。こうした状況となっても、外部の人間は制度上もなかなか手を出せない。神社の信仰と、その基盤となる伝統の継承を破壊しているのは、他ならぬ神社本庁であるという現実が良く見えてくるではないか。

## ■神社本庁統理が任期途中で交替

こうした事態の中で、五月二四、二五日の両日、神社本庁の評議員会が開催された。同会議を傍聴した神職に取材すると、執行部が抱える疑惑に対しての質問はなされたものの、不正を認めさせるまでには至らなかったようだ。会議出席者の多くはあんな答弁では納得していないが、会議慣れしていない評議員が多くて執行部を責めきれないということらしい。しかし、この原稿を執筆している段階で正式な発表はなされていないものの、代表役員である総長の上に位置する神社本庁の北白川道久統理が任期半ばで退任し、昨年まで伊勢神宮の大宮司をつとめていた鷹司尚武氏が新統理に就任したという。退任の理由は定かではなく、また統理には法人の代表権はないが、新統理のもとで真相が究明されることを期待したい。それは、統理を支える神社本庁役職員、評議員、関係者の責務だ。もしこれが出来なければ、神社本庁は自壊への道を歩むことになる。

神社本庁関係者は、一人で会見に臨んだ日大アメフト部員の勇気を見習え！　頭の悪いイエスマンでないなら、自らの立ち位置を明確にせよ。

（平成三十年六月・藤原　登）

# 神社本庁が大義と信頼を取り戻すために！
# 執行部は速やかに辞職せよ　政治家は国民目線で神社界を見つめ直せ！

全国八万の神社を束ねる神社本庁をめぐる疑惑について、これまで日本レスリング協会や日本大学との関連から報じてきたが、今号では安倍政権をめぐる問題との関りも視野に入れながら、解決への道筋を探ってゆきたい。

## ■安倍政権の為すべきこと

今、まさに安倍政権は、首相としての問題解決能力、危機管理能力が問われる事態を迎えている。

国家の自主独立の要である外交と軍事。それを万全なものに近づけるためにも、憲法改正は良識ある国民の悲願であった。そして、安倍政権は憲法を改正して第九条に自衛隊を明記し、戦後の軛から一歩脱しようとしていた。しかし今、モリカケ問題などをめぐる官邸・官僚サイドの未熟な対応が発端となり、傍から見ても政権運営だけで手一杯の状況である。そうした状況のなかで、次々に新たな疑惑がでてくる始末だ。悲願の憲法改正のためにはこの事態の正常化が急務であるし、その責任が安倍総理にあることは言うまでもない。

安倍政権の掲げる大義（それはアベノミクスから安全保障、憲法改正までいろいろあるが）が、モリカケのような小さな問題で頓挫しては国家のためにならないと、官邸サイドによる小さな嘘から今回の事態は始まったのだろう。その小さな嘘が官僚の度を超えた忖度と組織ぐるみの隠蔽を誘発し、嘘による辻褄合わせが抜き差しならぬところまできてしまったと推測できる。国民の信頼がここまで損なわれた以上、ここで安倍政権がなすべきことは、身を投げ打つ覚悟で事の真相を明らかにすることだ。そんな覚悟もなくて、どうして国家の大事に臨んでいくことができようか。国民の信頼がなければ、政治は前に進まない。国民を信頼して事に臨むことが為政者の使命であろう。

## ■嘘と隠蔽で固めた神社本庁

そして、本題の神社本庁をめぐる問題に切り込むこととしよう。

神社本庁百合丘職舎の不正売却が発覚してから二年が経過した。その間、神社本庁は不正を告発した職員二名を懲戒処分（一人は解雇、もう一人は降格減給）にして事態の収拾を図ろうとしたが、処分を受けた二人はその撤回を求めて昨年十月、神社本庁を東京地裁に提訴。現在も裁判が続いている。裁判の進行状況については、原告側を支援している「神社本庁の自浄を願う会」のホームページ(jijiyo. jp)で概要を知ることができるが、少なくとも両者の主張を第三者が比較して、神社本庁側に軍配をあげる人間は皆無だろう。それでも神社本庁の現体制が存続し得ているのは、関係者へ正確な情報が伝わらないよう、今も事実の隠蔽に力を注いでいること。そして、曖昧な情報しか知らされない関係者の多くは、「まさか、神社本庁が不動産売買で不正を働くはずがない」という、これまでの常識で物事を判断するしかないからだ。

　そうまでして今の神社本庁執行部が守ろうとしているものは何だろうか。恐らく自分たちの今の地位と利権以外

ワイド特集　神のみぞ知る

神社本庁「不動産格安転売」の陰にドン打田

「元皇族が出席した行事で、"異例の釈明"が飛び出しました」（神社関係者）
小誌先週号が報じた不動産格安転売問題で、全国八万社の神社を包括する神社本庁が揺れている。

職員宿舎売却を巡る内部文書

憲法改正を支援する神政連のトップ

「神の国」発言で物議

平成29年9月28日付け「週刊文春」記事

の何物でもないだろう。そこには大義のカケラも見出すことは出来ない。

安倍政権の今日の事態は、小さな嘘から始まったものだろうが、これに対し、神社本庁の今日の事態は、トップ主導の嘘と隠蔽工作が招いた問題である。嘘に大小はないが、組織がその役割を果たすために不可欠の「信頼」という観点から見れば、神社本庁の田中執行部はもはや完全にアウトだ。

安倍内閣の抱える問題を解決する責務を負っているのは安倍首相自身であり、であるからこそ厳しく叱咤もするが、今の神社本庁、そして神道政治連盟を牛耳る人々に対しては、速やかに自らの非を認めた上で、辞職するよう求める以外にない。それは前号で報じた日本大学の執行部も同様である。

## ■神社の役割と政治の関わり

先月十二日の首相動静には、忙しい政務の合間を縫って、都内のホテルで開催された神道政治連盟国会議員懇談会に安倍首相が出席し、挨拶を述べたことが掲載されている。同懇談会の会長であるから出席は当然であるかもしれないが、母体である神道政治連盟の打田会長、そして神社本庁田中総長の疑惑に対する安倍首相の認識が気になるところだ。国民の多くが神社にお参りするのは、政治とは異なる次元の、日本人としての精神の発露からのものである。政治家である以上、国民の幅広い支持を求めることは当然であるが、一国の宰相たる保守政治家であるならば、日本の伝統宗教である神社界の現状について国民の目線で見つめ直し、神社が社会の中でその役割を果たしていくために、政治は如何に関与していくべきかなど、その本質から考えてほしい。それは神社本庁などの包括宗教法人の財産が私物化され、神社の信仰が傷つけられるようなことが今後起こらないようにするためにでもある。

（平成三十年七月・藤原　登）

## 激動の近代日本と神社神道
## 先人が築いた土台を壊し続ける田中ー打田体制

やはりというか、田中総長四選の裏のとんでもないカラクリが判明した。判明しても四選の事実は覆らないと、田中総長と「陰のドン」打田神道政治連盟会長は知らぬ振りだろうが、これは神社本庁の「終わりの始まり」で、ここまで腐った組織は自壊へ突き進む以外にないと先月号で書いた。

今回は神社本庁設立に至る経緯を辿りながら、当時の神社神道の姿から現在の田中ー打田体制の異常性を浮き彫りにして、自壊が必然であることを証明しよう。

### ■神社本庁の前史

神社本庁の前史は「国家神道」の時代からである。

大政奉還と王政復古の大号令で新国家の建設に着手した新政府であったが、戊辰の役や外圧など、極めて困難な政権運営であった。それでも祭政一致を目指した新政府は、律令時代にあった神祇官を復興し、神社を「国家の宗祀」と位置付け、古代の制度に倣い神社の「社格」を設けた。官国幣社、府県社、郷社、村社、そして無格社という等級で、神社の祭神や由緒、規模により決められた。官国幣社にはさらに官幣社（大・中・小）、国幣社（大・中・小）、別格官幣社に分かれ、最終的に二百社を超えたというが、その割合は戦前に約十一万社あった神社の〇・二パーセントである。行政機関は、この社格に応じて神社を国家の宗祀として待遇した。

しかし、この神祇官の体制は十年で終焉した。その原因は、神道の国教化とも言える動きに、仏教界だけでなく信教の自由と政教分離を理念とした欧米列強が反発したほか、神社界内部の対立などもあったようだ。

そこで政府は方針を転換し、「国家の宗祀」はそのまま、神社を公の祭祀を行う場所と位置づけて宗教の枠外に置き、神社行政を宗教行政から分離したのだ。これにより明治十年に内務省に社寺局が設けられ、後に社寺局は神社局と宗教局とに分離していった。

因みに明治末年に内務省が主導した神社合祀では、約二十万とされた神社の三分の一が整理された。国家の宗祀である故に、一村一社を原則として神社の統廃合を行ったのだ。当然、反対運動もおこり神社を守り抜いた例もあったが、これが「国家の宗祀」の現実だった。

その後、紀元二千六百年の国家的慶祝の年であった昭和十五年に、神社局は神祇院に改組されたが、神社行政に具体的な成果を見ないまま終戦を迎えた。一方で、宗教局はその後文部省に移され、昭和十四年には宗教団体法が制定されたが、国家神道の時代を通じて、神社には法律上の明確な位置づけがなかったのである。神社毎に固有の由緒と多様な信仰がある神社を、近代法の下に一元化することが、そもそも無理だったということらしい。戦後神社本庁の中枢を担った渋川謙一氏は、信仰的神学的な研鑽が伴わなかったことが国家神道の欠陥だったと指摘している。

## ■神社本庁設立と葦津珍彦

信仰としての位置付けや制度上の課題を残したまま敗戦を迎えた全国の神社は、昭和二十年十二月にＧＨＱが発した神道指令によって国家との繋がりを断ち切られ、一宗教としてのみの存続が許されることとなった。この神祇史上最大の危機にあたり、ＧＨＱの動きを見極め、神社神道を護持する新団体の設立に向けて、民間の動きをお膳立てしたのが葦津珍彦氏である。

戦後の民族派最大のイデオローグであった葦津氏は、明治四十二年、福岡県筥崎宮の社家の流れを汲む家に生まれ、学生時代には社会主義の洗礼も受けたが、やがて尊皇の大義に目覚めると神道人との親交も深めていく。父親が経営していた神社建築の仕事を継いでからも、常に在野にあって、欧米列強の侵略にあえぐアジアの民と、外圧を凌ぎながらも、アジアと欧米の間で揺れ動く日本人および日本国の行く末を案じ続けた神道思想家であった。

解散される神祇院の意向を受けて新団体の設立を協議したのは、神社関係の民間団体であった皇典講究所、大日本神祇会、神宮奉斎会の三団体である。そこでは一般の宗教団体に準じた教団組織とする神社教案と、葦津氏が構想した各神社の独立性を尊重する神社連盟案とが対立し、その折衷案として財団法人案まで出されたというから、議論は相当白熱したと思われる。その議論の最中に宗教法人令が制定され、新団体に宗教法人としての道が示されたことで大枠の方向性は纏まり、独立した法人格を有する神社の包括団体として、神社本庁が発足するに至ったのである。

緊迫した占領下にあって、神社本庁の基礎を築いた葦津氏他、民間神道人の努力に感服するが、その新しい体制は、国家神道時代以上の多くの難題を抱えた、未完のままの船出であった。その難題と向き合った神社本庁がそれを切り抜けられたのは、関係者の無私の精神によるものと信じる。神社を支えているのが国民一人一人の信仰心であることは当然だが、同時にそのことを理解し、私を排して、皇室と連なる公の観点から神社のあり方を語れる神道人の存在が無くてはならなかったのだ。葦津氏は神職では無かったが、そのことを強く自覚した神職以上の在野の神道人であった。

## ■人を育てる組織と食い潰す組織

人が組織を作り、組織が人を作る。神社本庁の創設に至る神道人の思想と行動に接するとき、人を育てることの大切さを痛感する。同時に、人材の育成どころか自分たちの私的な権益のために人事権を悪用し、不正を追及した役職員を貶め、統理に反旗を翻してきた田中－打田体制の異常さが改めて際立ってくる。

近頃よく左翼関係の雑誌などで、憲法改正を推進する現在の神社本庁は、戦前の国家神道の復活を目論んでいる、という主張を目にする。しかし、それは国家神道も、今の神社本庁も完全に誤解したものだ。国家神道の時代に、田中－打田体制のような組織の私物化が可能か、常識でわかることだ。次号では神社本庁設立後の動きを追いながら、神社本庁が目指したものを探ることとする。

（令和元年十月・藤原　登）

## 占領下で神社本庁がやり抜いたこと
## 残された課題の検証はおろか、先人の功績を無にする田中ー打田体制

今号では占領下において神社本庁が果たした役割りを紹介しながら、現体制の異様さを浮き彫りにしてゆくこととするが、その前に全国に三百五十社ほどあるという別表神社の一つ、京都・建勲神社の神社本庁離脱の話をしておきたい。

宗教業界紙「中外日報」は九月十八日付の紙面において、建勲神社が本年二月二十八日に神社本庁を離脱したと報じている。さらに九月二十七日付の続報では、二月に離脱が確定していたにも関わらず、別表神社の離脱に伴う規程変更が五月の評議員会でなされなかったことについて、神社本庁の広報が「規程変更案の上程が間に合わなかったため」と答えたと報じている。

この件について神社本庁関係者の話をまとめると、神社との包括関係は神社本庁存立の要であり別表神社はとりわけ重要。離脱による規程変更は、規程の別表から離脱神社を削除するだけの単純なものだが、離脱確定前に引き留め交渉がなされるべき。神社本庁執行部が半年間も黙っていたのは、五月の評議員会での田中総長四選に不都合な事実が大っぴらになるのを隠していたとしか考えられないとのことだ。

建勲神社は離脱の理由を具体的に述べていないが、自浄能力を失った神社本庁に関わっていても得るものはない、と考えたのではないか。田中総長が神社庁長をつとめる京都で起きたことを考えれば、尚更だろう。

## ■占領下の神社本庁

前置きが長くなったが、神社本庁が設立され、全国神社が力を合わせ神道指令下の神社を守ってゆく枠組みは整ったが、対応すべき問題は山積していた。相手は、国家神道こそが日本を軍国主義国家に仕立て上げた張本人であると見なしているＧＨＱである。そして国家と皇室から神社を分離するだけでなく、神社の祭式や祝詞の内容まで干渉してきたという。国家と皇室と神社とが混然一体となって形成された日本人の国民精神の解体がねらいであったのだ。

その中で、とりわけ重大なものが国有境内地問題であったといわれている。その流れは次の通りだ。

江戸時代の神社仏閣は、その公共性を幕府や藩から認められ、朱印地、黒印地といわれる領地を安堵されていた。それが明治時代になると廃藩置県と地租改正によって領地は国に没収される。「国家の宗祀」とされた神社は国有財産となった境内地で祭祀を継続し、寺院は国から境内地を無償貸与され存続したが、全国の社寺は財源の一つであった領地を、境内地を除き失ったのである。

そして今度は、敗戦による占領という事態を迎えたのだ。神道指令により国家から分離された神社は、当初の寺院の扱いと同様に境内地を国から無償で貸与されることとなった。しかし、公有財産の宗教団体への供与を明確に禁じる新憲法の草案が公表されると神社界に衝撃が走った。新憲法が制定されると国有地にある神社は、国にその対価を支払わなければ境内地を維持できないが、戦後の疲弊した神社に経済的余力はない。全国の神社は存亡の危機にたたされた。

このとき、設立されたばかりの神社本庁は、宮川宗徳事務総長のもとに全国神社の境内地を護持するために政府や国会はもちろん、絶対的権力をもって君臨するＧＨＱとも粘り強い交渉を重ねたのだ。その結果、昭和二十二年四月十二日、法律第五十三号「社寺等に無償で貸し付けてある国有財産の処分に関する法律」が成立した。この法律は宗教活動に必要な境内地を明治以来の来歴に応じて、国による無償譲与もしくは時価の半額での売り払いを可能にするものであり、これにより宗教法人となった神社が基本財産である境内地を取得、保全することができたのである。

こうして大半の神社は境内地を護持し得たのであったが、ＧＨＱが軍国的と見なした靖国神社、護国神社への国有境内地の無償譲与は、平和条約が調印される昭和二十六年まで保留されたままとなった。これはＧＨＱ内部には最後まで、靖国神社廃止論が根強かったことの証左であろうが、神社本庁と神社新報とが車の両輪となって、靖国神社の存続を願う日本国民の声を訴え続けていたことを付記しておこう。

## ■先人たちの行動力を引き継げるか

国有境内地問題の解決という占領下に神社本庁がやり遂げた功績の一つを紹介したが、当時と現在の神社本庁のあまりの落差に驚きを禁じ得ない。当時、神社本庁を支えた重鎮たちが今の神社本庁の姿を見たとしたら、嘆きの言葉すら出ないのではないか。

神社本庁旧庁舎（旧全国神職会館）

突如発覚した関西電力のトップが多額の金品を受領していた問題では、当初は記者会見で違法性はないとしていたものの、これで納得が得られるはずはなく、八木会長以下五人のトップは引責辞任した。しかしこれで終わりではなく、今後真相が解明されれば、刑事責任の追及も免れないだろう。

神社の世界は清浄であると思っている国民の多くは、まさか神社本庁内部で組織の崩壊ともいうべき事態が起きているとは思いもよらないだろう。このままでは神社本庁の自壊は必然であるが、関西電力のように解決への口火が突然切られることがあるかもしれない。ただ、関係者に自浄への強い意志と結束が無ければ、口火だけで終わってしまうことは間違いない。占領下にあって神社の護持のために、当局と粘り強い交渉を続けた先人たちの恩に報いるためにも、その行動力に学ぶべき時だ。

（令和元年十一月・藤原　登）

## 十月評議員会　大嘗宮茅葺き問題で執行部がお粗末答弁
## 自壊も同然の神社本庁！

令和の大嘗祭が皇居東御苑にて、十一月十四日から十五日にかけ執り行われた。さらにその翌週より、両陛下は伊勢神宮及び御歴代の山陵を御親謁遊ばされた。今上天皇の即位に伴う大切な行事、神事が無事終了したことを心からお祝いしたい。

その一方で、今回の御代替わりの進め方や行事のあり方が、後世に大きな課題を残したことも否めない。先帝陛下の御譲位について政府は皇室典範特例法で対処したが、改めて十分な検討が必要であろう。また、新元号の事前公表については、多くの識者が政府の姿勢を問題視している。さらに大嘗宮が板葺きで造られたことが問題となったが、今号ではこの問題を取り上げる。これも政府及び宮内庁の姿勢が問われる問題だが、そこに完全に存在意義を喪失した神社本庁の姿も垣間見えるからだ。

## ■評議員会でのお粗末な答弁

十月二四日に神社本庁の講堂で開催された評議員会において、大嘗祭に関する神社本庁の対応についての質疑応答があった。神社新報の記事では不明なところがあるので関係者に取材したところ、概要は次の通りである。

補正予算審議で神奈川県の佐野評議員が、大嘗宮が茅葺きから板葺きに変更されたことについて、神社本庁の見解や対応を質問した。

これに対して本庁側はまず浅山総合研究部長が、板葺きの方針は大礼委員会の報告とマスコミ報道で知ったが、とりあえず祭りが行なわれることが大切である。なぜこのようなことになったのか、調査研究したいと答弁したという。

続いて小間澤渉外部長が、神道政治連盟の打田会長とともに宮内庁に出向いて担当部署に茅葺きに戻すことが可能か確認したものの、その回答は、儀式には影響しない、神社の屋根を変えると神様は降りて来ないのか、今から予算は変えられない、とのことだったという。そして、情報把握が遅かったのが反省点であり、今後きちんと検討したい、と答弁したとのことだ。小間澤氏は秘書部長も兼任し、稲・瀬尾両氏を懲戒処分にしたことで争われている地位保全裁判の担当者でもある。

この答弁をそのまま受け止めれば、神社本庁は大嘗宮が板葺きになることについて特段の問題意識を持たず、宮内庁に問い合わせた以外、何ら具体的対応もしなかったということだ。佐野評議員は総長以下役員の回答も求めたが、発言はなかったというのだから間違いない。

## ■神道人本来の問題意識は

この大嘗宮の造営をめぐる神社本庁の姿勢について、複数の神道人に伺った見解や感想を以下に整理して記す。

○伊勢神宮の社殿が板葺きになってもお祭りだけなされればいいとするのか。神饌を供え祝詞を奏上するだけでなく、社殿を古来の姿かたちで建てることも祭りの一部である。本庁部長の見識の無さに呆れる。

○祭りの心は「報本反始」である。常に原点に還るという意味。大嘗祭の原初の姿は、黒木の柱に茅葺きという簡素な造りが伝えてきたと思う。極めて残念だ。

○昨年末に大礼委員会の方針が示されてから、清水建設が落札するまで数ヶ月の時間があった。神道政治連盟は何をやっていたのか。

## ■大礼委員会はただのイベント屋か

大礼委員会は板葺きにする理由について、「材料調達の困難性」、「特殊な専門技術者の不足」、「板葺きも自然素材」などを挙げていたが、何れも説得力がなく、故意に伝統を骨抜きにして板葺きにしようと企んでいたのではないかとの疑いすら持つ。その理由は以下の通りだ。

まず皇室ゆかりの伊勢神宮では、二十年毎の式年遷宮において六十五棟の社殿を造営するが、その内三十二棟が茅葺きである。そのために茅場も職人も確保しているが、このことを宮内庁が知らないはずはない。

他に日本国内には白川郷をはじめ、世界遺産や国宝、重文、伝統的建造物群など、文化財に指定されている茅葺きの建物が各地に存在し、茅の調達や職人の手配のためのネットワークも存在する。陸上自衛隊の広大な東富士演習場は茅の原料となるススキの草原であり、地元の入会組合が自衛隊の協力を得て春に野を焼き、秋に刈り取って茅の供給につとめているというからビックリだ。

当然、神社も多く含まれる茅葺き建造物の保存や茅を供給する草原の維持には、関係省庁や自治体などが文化財保護、自然保護の観点からの支援措置を講じていることは言うまでもない。

大嘗祭の伝統のみならず、国の機関でありながら茅葺きの伝統文化継承という公共的な側面を顧みようとしなかった大礼委員会の意識の低さには呆れるばかりだが、そこを見過ごした神社本庁は、一体何のために存在しているのか。勝てる見込みのない裁判に金と人を投じる前に、神社本庁でなくてはできない最低限の仕事はするべきだ。

## ■問題の本質は何処にあるか

秋篠宮殿下は昨年暮れ、大嘗祭は絶対にすべきものだが、身の丈にあった儀式であるべきとの趣旨のお言葉を発せられた。関係者によれば「身の丈」とは、大嘗宮を新たにつくらず新嘗祭を行う神嘉殿でやればよいとのお考えであり、メディアはこれに対し、政教分離や経費削減の視点からの報道を繰り返すばかりであった。しかし殿下のお言葉は、見かけの体裁ばかりを気にして祭りの本質を理解しようとしない政府、宮内庁関係者に対するご不信のあらわれではないかと考える。事実、大嘗宮の造営に多額の経費を要するのは、近代以降、参列者用の幄舎など、祭りに関係のない建物が造られるようになり、悠紀殿、主基殿そのものも大規模になってしまったからだと指摘する関係者もいる。萱葺きを板葺きにして経費節減、などというのは本末転倒も甚だしい。

大嘗宮の造営をハコモノ行政の流れで捉えていたとしか思えない宮内庁及び大礼委員会に猛省を促すとともに、神社本庁現執行部の一日も早い総退陣を、国民の一人として心の底から願うものである。

（令和元年十二月・藤原　登）

板葺きで造られた大嘗宮

## 神社本庁の在宅勤務はコロナより不倫騒動対策か？
## いよいよ自壊へのカウントダウン始まる

世界中で猛威を振るう中国武漢発の新型コロナ。致死率は低いとされているが、欧米各国では感染、発症者が急増したために医療が崩壊し、大勢の人々が命を落としている。

オリンピックの開催と中国の習近平国家主席の訪日予定に拘るあまり対応が後手にまわった日本でも、首都圏や阪神地域を中心に医療体制は崩壊寸前の状況が続いているという。非常事態宣言の対象区域も七都府県から全国に拡大され、全国民が不安と緊張の中にある。

こうした中、都心にある神社本庁では三月末から自宅勤務体制となり、今月開催予定の評議員会も規模が縮小される見通しという。何も知らずに話だけを聞けば当然の措置だと思えるが、関係者は等しく新型コロナ蔓延にかこつけた疑惑隠しだと見ている。今号ではその内幕を中心に、自壊してゆく神社本庁の姿を紹介しよう。

## ■神社本庁の沿革と国史を貫く使命

全国の神社を包括する神社本庁。その現行法上の性格は宗教法人であるが、信仰的側面から組織としての立脚点を遡ると、国家が神々を祀る国家祭祀の制度が確立した古代律令制下の神祇官へと行き着く。もちろん神社の歴史はもっと古いが、国家体制と結びついた制度的側面から見ると、律令時代が古代神社制度の確立期であり、近代の神社制度もその時代を指標にしたということだ。神社本庁憲章の前文冒頭を飾る次の文章は、この認識を関係者が共有していることを示すものだろう。

「神祇を崇め、祭祀を重んずるわが民族の伝統は、高天原に事始まり、国史を貫いて不易である。夙(はや)く大宝の令、延喜の式に皇朝の風儀は明らかであるが、明治の制もまた神社を国家の宗祀と定めて、大道はいよいよ恢弘された。」

憲章前文はその後、「しかるに、昭和二十年、未曽有の変革に遭ひ…」と続いているように、戦後の新憲法体制下において国家と祭祀は切り離されたが、その精神を受け継ぎつつ、全国の神社を護持してゆくために設立されたのが神社本庁なのだ。故に国家の大事に際しては、全国の神社に臨時祭の執行が通知され、神社本庁内の神殿においても祭典が行われてきた。昨年の御代替わりや大嘗祭に際しては、皇室の弥栄と国民の繁栄を願う祭祀が営まれ、また東日本大震災など自然災害に際しては、神々の御加護による一日も早い復興が全国の神社で祈られてきたのである。

## ■不倫カップルが新型コロナ鎮静祈願祭を奉仕

この歴史的な精神を受け継ぐ神社本庁は、三月四日に「新型コロナウィルス感染症流行鎮静祈願祭」の斎行を全国に通知し、同月六日には神社本庁の神殿でも祭典が挙行された。神社新報は小さく報じたのみだが、そこには信じ難い事実が隠されていた。何と神社本庁はこの祭典を不倫関係が発覚した小間澤秘書部長と部下の女性秘書課長に奉仕させたのである。これではコロナ封じならぬ、不倫疑惑封じの祭典だと疑われても仕方なかろう。

その後、神社本庁は三月末から東京都からの要請を口実に自宅勤務となったが、事実上昼間に電話しても留守電対応で、事実上

新型コロナウイルス感染症
鎮静祈願祭の執行通知
神社本庁

神社本庁では新型コロナウイルス感染症の感染拡大が問題視され、各地で行事の中止・延期や規模縮小等の対応がなされるなか、「新型コロナウイルス感染症流行鎮静祈願祭執行の件」を三月四日付で各神社庁長宛、田中恆清総長名で通知し、祭祀の執行を要請した。

通知では、一日も早く事態が鎮静化するやう全国神社において「新型コロナウイルス感染症流行鎮静祈願祭」を適宜の日時に小祭で斎行するとともに、状況改善までの間、日供祭において辞別祝詞を奏上するやう求め、それぞれ祝詞例文（別掲）を添付。なほ感染拡大を防止するため、氏子崇敬者の参列については配慮するやう依頼してゐる。

新型コロナウイルス感染症流行鎮静祈願祭祝詞（例文）

掛介麻久母畏伎某神社乃大前尓宮司氏名恐美恐美毛白左久此頃如何奈留禍事乃荒毘猛毘留世悪伎流行乃疫病乃入来里氐国内乃諸多乃患布貫故尓医師等乎初米官人等乃力乎尽志氐疫病乃禍事乎除伎拂比却良牟止日夜終日夜終夜心尽志氐励米杼未甲斐在良受大前尓御饌御酒種種乃味物乎献奉里乞祈奉留状乎平良介久安良介久聞食志氐大神等乃広伎厚伎恩頼乎蒙良志米給比夜乃守日乃守尓守幸閉給比氐五月蝿如須涌伎漂閉留疫病乃禍事毘虫乃飛行久随尓拂比却里給比一日母速介久清久平穏尓成左志米給閉登恐美恐美毛白須

日供祭辞別祝詞（例文）

辞別伎氐白左久此頃悪伎流行乃疫病乃入来里氐国内乃諸多乃患布貫故尓大神等乃広伎厚伎恩頼乎蒙良志米給比一日母速介久禍事乎除伎拂比却里給比清久平穏尓成左志米給閉止恐美恐美毛白須

本庁でも神事
沈静を祈願し
神社本庁

神社本庁では三月六日、神殿で「新型コロナウイルス感染症流行鎮静祈願祭」を斎行した。
祭典は午前十時に始まり、本庁職員が参列。献饌や祝詞奏上に続き、職員代表の玉串奉奠にあはせ一同が拝礼した。

「コロナ鎮静祈年祭」をつたえる神社新報記事

の臨時休業状態にある。これも不倫疑惑追求から逃れるための措置としか思えない。

それでも不倫関係が発覚したこの部課長に対して、四月一日付けで何らかの処分が下されるものと予想する関係者もいたが、二人は今も上司と部下の関係で田中―打田体制を支えているという。開いた口が塞がらないとはこのことだ。

## ■危機管理の対象は全国の神社ではなく田中―打田体制

全国の神社は今、緊急事態下にある。いつもなら大勢の参拝者で賑わう有名神社も人影はまばらだ。中には閉門した神社もでてきたが、多くの神社が対応に苦慮している。関係者は口を揃えて、こうした非常事態に指針を示し、指導力を発揮するのが本来の神社本庁の役目であるという。前述した信仰的背景を踏まえれば、当然のことだろう。

しかも、だ。五年前に神社本庁が基本財産である百合丘職舎を売却したのは、遠隔地にある上に老朽化したため危機管理の用をなさない、と判断したからであり、その後、神社本庁は徒歩圏内に管理職が入る危機管理用の高級マンションまで購入しているのだ。しかし、当時の神社本庁が声高に叫んでいた危機管理とは、百合丘職舎をディンプル社に不正廉売し、それを推進した職員自身が高級マンションに移り住むための口実に過ぎなかったことが、地位保全の裁判を通じて明らかにされてきた。

危機管理職舎と称する高級マンションに引っ越した眞田総務部長は、疑惑を追求され神社本庁に居づらくなったためか、二年前に親類が宮司を勤める明治神宮へ逃げるように転任した。今年二月の証人尋問では被告側で証言したが、既報の通り「記憶にありません」を連発して、神社本庁の更なる信用低下に絶大な貢献をした。

その眞田氏の後を承けて今の神社本庁事務局を取り仕切っているのが、渉外部長や神道政治連盟の事務局長も兼任する小間澤秘書部長なのだ。その理由は、黒幕の打田文博神道政治連盟会長の子飼い筆頭の地位を受け継いでいるからと見られる。小間澤不倫部長は黒幕の打田会長にとって、田中総長と同様、疑惑を隠蔽し続けるための操り人形なのだろう。ここに、社内不倫が発覚した幹部職員二人が未だ要職に居座り、新型コロナへの対応に追われる全国八万の神社を余所に、自宅勤務に名を借りてまで疑惑追求から逃れようとしている本当の理由があるようだ。

さすがにこの事態に、穏やかで忍耐強い神社関係者の堪忍袋も、ついにその緒が切れ始めてきた。全国の関係者より神社本庁に対して、早急な事態の善処を強く求める動きが起こりつつあるのだ。新型コロナを利用した疑惑隠しはもちろん、神社本庁をここまで貶めてきた田中―打田体制の数々の大罪を絶対に許してはならない。

（令和二年五月・藤原　登）

## 神社本庁現職理事が自死
## 神社界は戦後の幻想から脱却し、神職の使命遂行に徹するべし

新型コロナ対策の緊急事態宣言も、ようやく全地域で解除された。当初、政府や東京都の対策が迷走したのは、緊急事態とは対局にある「平和の祭典」オリンピックへの執着によるものだが、一年延期で決着したことも、いまだオリンピックの幻想に囚われている証拠だ。

オリンピックにはスポーツが持つ夢や希望、教育的価値や国際性など、文句のつけ難い大義名分がある。しかしそれは隠れ蓑で、特にロサンゼルス大会以降は、企業やメディアを巻き込んで生み出される巨大な利益が本体なのだ。上から目線とパフォーマンス重視のコロナ対策も、この幻想に囚われた人たちの手によるものであることを、我々国民は肝に銘ずるべきだ。

この緊急事態宣言の解除をめぐる話題で持ちきりだった先月半ば過ぎ、神社本庁理事である岩手県・盛岡八幡宮の藤原隆麿宮司が自殺したというニュースが飛び込んできた。筆者と同姓の藤原宮司は神社本庁の元職員であり、且つ神道政治連盟の総務会長を務めていた人物である。関係者によれば疑惑の黒幕、打田会長と

は親しい間柄であったらしい。自殺の確かな理由は不明とのことだが、これまで田中ー打田体制が強権でつくりだしてきた幻想に囚われていたものの、ここ数年、一連の疑惑が暴かれてきたことで、自らの立場に思い悩んでいたのではとも推察される。本号では、神社界を覆ったこの幻想の正体について論を進めたい。

## ■戦後体制から生まれた幻想

今回の緊急事態宣言に至る政府の危機管理対応を鏡として、田中ー打田体制下の神社本庁に目を向けると、確信犯である両氏は別格にして、今も現体制を支え続ける人士たちは、日本国の為政者を蝕むオリンピック幻想と同じ構図で、一つの幻想に囚われているのではないかと思えてくる。

戦後、全国の神社は国家管理から宗教法人体制へという大変革を体験した。そして占領下に組織された神社本庁の最大の役割は、神道指令や新憲法の制定という大変革を乗り越え、その衝撃による神社への影響を抑えるために、最大限の対処をすることだった。完全な守りの組織であり、占領政策が最後の一線を越えないよう、常に神社を守護することが求められていた。そのために国有境内地の払い下げを成し遂げ、また、制度上は天皇の私的行為とされたものの、宮中と伊勢神宮や勅祭社などとの関係の保持につとめたのである。

謂わば大地震に備える免震装置のような役割だ。ただ、敗戦後の制度変革の中で緊急避難的に設置されたものであったため、占領が終わると本格的な装置に作り変えなければならなかった。それは、日本の独立回復後に次の段階へ進むためにも必要なことであった。そのことは国家管理時代の神社を知り、占領下の神社本庁を舵取りした関係者が痛感していたことであろう。

そして占領が解け、日本は独立したが、そこには越えられない障壁があった。安保条約と新憲法という戦後東西冷戦下の枠組みである。日本はその壁に刃向かうことを諦め、半独立に甘んじてその余力を経済発展に振り向けた。五十六年前の東京オリンピックの成功は、結果的に日本人全てにその「正しさ」を意識せしめたかもしれない。そして日本社会は、戦後体制に見事に順応していった。自主独立よりも、戦後の歪な状況を肯定することが目的化した国家になったのだ。安保反対を叫んだ国民の深層に横たわる心意も、憲法に体をぶつけた三島由紀夫の叫びも、時代にかき消された。その流れの中で、神社本庁も自己改革を忘れたまま戦後体制に適応したのである。

それでも冷戦構造の崩壊は、日本が覚醒するチャンスだった。しかし、バブルの名残に浮かれた当時の日本に、それを期待するのは無理だった。日米安保体制は、ロシアの復権と中国の台頭という世界情勢の変化の中にその意義をシフトさせた。保守派と言われる言論人も、日米安保は日本の外交・防衛の要とばかりにそれぞれの正論を述べたが、そこには大切な何かが欠落していたために、幻想であることは変わらなかった。

## ■神社界は幻想に惑わされず、国家再生の道しるべとなれ

口先やパフォーマンスだけでは、国や組織の方針を変えることはできない。戦後体制からの脱却も、国家理想の実現も、高い見識と使命感に燃える人材がいなければ成就できない。それは神社界においても同様である。ところが今の神社本庁には、私欲を使命と偽り、「世界に誇る日本の文化・伝統」を隠れ蓑にした幻想と利権で関係者を操る人たちが巣食ってしまったようだ。

私の尊敬する宮司は、神職の使命は神明奉仕の道にあると教えてくれた。ところが、その神職を束ね、神社界を導く立場にあるべき神社本庁の田中総長、神道政治連盟の打田会長はいったい何をしてきたのか。神社本庁を私物化し、神社を食い物にしてきただけではないのか。

神社本庁現体制は間もなく自壊するだろうが、新しい体制が今後の目指す方向を考える前に、これまでの来し方を十分に反省してほしいと思う。目的とは裏腹に、同業者組合よろしく身内だけの世界にはまり込んではいなかったか。それも、かつての労働組合が労働

貴族を生んだように、一般社会以上の格差と断絶を内部に作り出してしまっていたのではないか。その風通しの悪い体質が、今日の田中―打田体制を生み出す温床になったのではないか。

組織の再生は困難な道であるが、しっかりと地に足をつけ、社会の師表、国家再生の道しるべとなるように進んでほしいと願う。

（令和二年六月・藤原　登）

# 神職とは使命である
# 幻想を捨てて真心一筋に真実への道を歩むべし

またも、神社界を揺るがすニュースが飛び込んできた。「こんぴらさん」で知られる香川県・金刀比羅宮の神社本庁離脱である。まだ離脱したわけではなく、離脱通知を神社本庁に発したのみで、二カ月の公告期間を経た後に所轄庁が認証して離脱が成立するとのことだが、特筆すべきは金刀比羅宮が離脱の理由を具体的に公表していることだ。一つは、昨年の大嘗祭当日祭にあたり、神社本庁から幣帛料が届かなかったこと、そしてもう一つが、不動産売却に絡んだ神社本庁の疑惑である。疑惑にまみれた神社本庁にはとっくに愛想をつかしていたが、さすがに天皇陛下御即位に際しての不手際で我慢の限界に達したということだろう。神職の使命達成のためには神社本庁は不要だ、と宣言したのである。同宮の琴陵宮司のもとには「よくやった」という声がよせられているという（週刊文春・六月二十五日）。神社本庁自壊のメルクマールとして位置づけられる出来事になるだろう。

## ■神職とは使命である

昨年の五月十一日未明、靖国神社前の路上で靖國会事務局長の沼山光洋氏が自らの命を絶った。彼はその直前に「新時代令和を迎えて」と題する遺稿を残していた。全文が靖國会のホームページに掲載されているが、そこに「神職は職業ではない、使命である」との言葉があった。沼山氏は、神職とは「使命」であることを、指導を受けていた靖国神社神職の天皇陛下、そして御祭神に対する深い崇敬と敬愛の真心から感じ取っていたということだ。

神職ではない沼山氏が、「神職は使命」であると強く感じていたことを知った時、私の神職に対する考え方も啓発された。「神職の使命」という表現を使わなかったのは、神職の使命が神に仕えること、神明奉仕にあることは自明だからだろう。ならば神職に絶対必要なものは、真心を措いて他にない。真心なくして神に仕えることは出来ないからだ。そして真心こそ、真実と幻想とを峻別するものであることに気づかされた。

## ■身分制度が神社本庁を自壊させた？

神職養成の課程を経て必要な学識を身につけ、神社本庁から階位を授与されることで神職になる

金刀比羅宮 神社本庁離脱へ

大嘗祭の行事巡り「不信感」

「こんぴらさん」として知られる金刀比羅宮（香川県琴平町）が、神社本庁から離脱する手続きに入った。琴陵容世宮司の名で、氏子らに知らせる公告文を境内に掲示した。天皇陛下の即位に伴う「大嘗祭」の関連行事を巡る不信感などが理由だとしている。

金刀比羅宮によると、神社本庁との「被包括関係を廃止する」という内容の5日付の公告を掲示し、6日には神社本庁あてに通知を送付した。宗教法人法は、規則変更時は少なくとも2カ月前に信者らに公告することを定めている。同宮は今後、文化庁に規則変更を届け出て離脱の手続きをとるという。

同宮によると、数年前から指摘されている神社本庁の不動産処分に関する疑惑について、真相究明を求めてきた。また、昨年11月の大嘗祭の関連行事として傘下の神社が実施した当日祭に際し、神社本庁が交付するとした特別なお供えが、同宮には当日までに届かなかったという。

神社本庁の担当者は「通知は受け取ったが、理由は確認しておらず、コメントできない」としている。

神社本庁は1946年、神社関係3団体が結成した宗教法人。2018年12月現在、全国約7万8700社を包括する。（[illegible]）

金刀比羅宮の本宮＝香川県琴平町、二見[illegible]撮影

相次ぐ離脱「日光東照宮級」

全国に約2万人の神職を抱える神社界では近年、混乱が続いている。

2017年には、神社本庁の土地取引が不当だと訴えて懲戒免職になった元幹部職員が、処分の取り消しを求めて総長らを提訴。今年3月には、「愛知県神社庁役員一同」が「神社本庁の正常化」を求め、決議書を出した。

有力神社の離脱も相次ぐ。10年には気多大社（石川県）が、17年には富岡八幡宮（東京都）が離脱した。明治神宮（同）は04年に離脱し、いまは復帰している。

そこに来て、有名神社の金刀比羅宮が離脱の手続きに入った。ある神社関係者は「日光東照宮級。影響大だ」と、人事などをめぐって1986年に神社本庁を離脱した日光東照宮（栃木県）を引き合いに出す。（編集委員・[illegible]）

神社本庁離脱を伝える「朝日新聞」の記事
（令和2年6月13日朝刊）

資格が身に付く。そして神社に奉職し、出仕や権禰宜を拝命すると同時に神職の身分が与えられるという。最初の四級から最上級の特級にいたる六階級であるが、階位と経験に応じて上がっていくシステムである。この神職の身分制度こそ、自壊していく神社本庁を象徴しているのかもしれない。というのは、その運用が完全にお手盛りであり、自壊させている張本人が、田中総長を筆頭とする「特級」や「一級」などの身分の高い神職達だからだ。

神職は使命でありモノではない。ならば、一級だの特級だのという神職だけの等級付けにどんな意味があるのか。しかし神社本庁は、設立時より神職の身分を定めてきた。その理由は、戦前の神職は国家の官吏としてその身分を処遇されていたが、戦後の神職は、その身分が公的に処遇される術を失ったことにあるという。それで神社本庁がその代替措置として、身分制度を設けたということだ。しかし、こうした制度が機能するのは、公正、適切に運用された上での話である。

宇佐神宮、富岡八幡宮などの宮司人事をめぐる騒動が、何れも宮司就任の条件となる神職身分の制度を神社本庁が悪用し、助け舟を出すのではなくイチャモンをつけることで修復不可能となっていった経緯を見れば一目瞭然だ。そしてイチャモンとは反対に、田中―打田体制に従順な神職等は、優先的に神社界のヒエラルキーを駆け上がる構造になっていると、真面目な神職は言葉少なに話すそうだ。

## ■幻想から自壊へ至る道

完全な年功序列なら、まだ納得できるかもしれない。しかし今の神社界では、神社本庁や神社庁の役員などの覚えめでたい神職が優遇されることが当たり前になっているという。これはどんな組織にもあることだが、これが常態化すると組織は衰退する。なぜなら、これでは優秀な人材が育つはずもないからだ。周りを子飼いやイエスマンで固めた組織は、トップに正確な情報が集まらなくなる。それでも組織を維持するためには、トップは真実でなく幻想を振り撒くしかない。身分制度のお手盛り運用など、幻想を生み出す最たるものだろう。どこかの独裁国家と一緒ではないか。

神職は神々に奉仕することが使命のはずだ。その使命のもとに氏子崇敬者と真心で接することで、神社のみならず地域や国家の発展、皇室の弥栄へとつながるのだ。それは幻想ではない。神職一人一人の真心によってこそ築かれる真実への道だ。世の中に蔓延する幻想に惑わされてはならない。

神社本庁現体制の自壊は近い。自壊の次は再生である。生まれ替わった神社本庁は、真実の道、誠の道を歩む神職を育てることに全勢力を傾注してほしい。

（令和二年七月・藤原　登）

## 何故、神社本庁は変質したのか
## 腐敗の温床となった田中—打田体制

令和三年の新春とともにレコンキスタが第五百号を迎えたことを心からお祝いしたい。そして、一日も早くコロナ禍が終息し、同時に第三十七弾目となった本連載の弾が尽きる日の訪れることを祈念したい。

昨年末、新型コロナの第三波が国民の暮らしと経済に打撃を与え、医療従事者からの悲痛な声が聞こえてくる事態となった。この状況は第一波、第二波の経験からある程度予測できたはずであり、オリンピックやgo-toキャンペーンには前のめりでも、医療体制の整備を怠ってきた政府や東京都による明らかな人災である。菅政権のコロナ対策が迷走を続け、オリンピック実施の可否が問われる事態ともなれば、間もなく開会する国会は一気に政局含みの展開となるだろう。そして国政以上の波乱が予想されるのが神社本庁だ。三月十八日に東京地裁で下される職員の地位保全裁判の判決を契機に、田中—打田体制に対するこれまでの鬱積が一気に爆発することは必至だからだ。

国政ともども、波乱の後に公論に基づく新しい秩序が生み出されることを期待したいが、本号では神社本庁の抱える問題の本質を抉り出してみよう。

## ■変質した神社本庁と政治との関係

神社本庁の設立は昭和二十一年二月三日である。前年の十二月十五日に神道指令が発令され、神祇院官制など神社の存立基盤であった法制度が廃止となり、一宗教に位置付けられた神社に対して徹底的な政教分離が求められた。こうした非常時において、全国の神社を包括する宗教法人という、自ら望んだものではない新制度のもとで神社神道の道統を護持するという、極めて困難な責務を負って神社本庁は発足したのだ。そして新憲法の審議過程で俄かに浮上した国有境内地の取り扱いなど、神社の存続に関わる問題を解決することができた。危機一髪であったが、当時の関係者が自らの責務を危機感と使命感をもって理解していればこそやり遂げられたのだと考える。

こうして神社本庁は変革の第一波を乗り越えることができた。しかし、この後にもなすべきことは限りなくあった。現状を把握して課題点を整理し、目標に向けた具体策を立案、遂行してゆくことが求められた。それには理念の構築と共有が必須であったが、逆説的であるにせよ戦後しばらくの間は、神道指令という未曾有の経験が、関係者にその必要性を否が応でも認識せしめたことであろう。

この理念こそ、神社本庁の存在意義そのものである。この問題に関して昨年九月二十八日付の神社新報紙上に、神社本庁勤務経験のある神奈川県・佐野和史宮司による興味深い投稿が掲載されている。佐野氏の在職中は神社本庁の業務に関し、職員間で盛んに議論する機会があったことに触れた上で、最近の混乱の原因を〝「神社本庁とは何か」「神社本庁の存在理由は」といふ問題意識が変質していったことではないかと考へられる。〟と指摘している。要するに、神社本庁が変質したということである。

佐野氏の指摘は今の神社本庁の構造的欠陥を示すものだが、そこには単なる強権体制の問題だけでなく、近年の政治との関係が大きく影響していると思われる。それは、神社本庁の業務上の課題は自らの研鑽によらなくても、政治的に解決すればよいという方向に傾いた結果、「理念の構築と共有」のための教学的な議論が忘れ去られたということだ。政治活動に教学は不要なのだろう。

もちろん、全国の神社を包括している神社本庁にとって、時に政治への働きかけが必要なことは言うまでもない。問題は政治が手段ではなく目的化して、さらには堕落したということだ。それは、近年の神社本庁と神道政治連盟の実態を見れば明らかだろう。

## ■存在価値をなくした神社本庁と神道政治連盟

政治的な対応は組織本来の目的を達成するために、他の様々な活動と連携して取り組まれるべきものだ。しかし政治活動が目的化した本末転倒の状況が続いた結果、神社本庁自身が目的を見失い、神道政治連盟の迷走を許容してきたのだ。その象徴が田中―打田体制である。

神道政治連盟の打田文博会長は、田中恆清神社本庁総長の黒幕として暗躍し、子飼いの職員を要の部署に配置して組織を牛耳ってきた。そして神社本庁の存在価値を貶め、神社を食い物にする勝手な振る舞いを続けてきたのだ。神道政治連盟では、皇室の尊厳護持や靖国神社問題の解決、憲法改正や夫婦別姓反対などの活動を推進してきたとされるが、実態はその真逆である。

創刊以来、神社本庁が購読を各神社に強制してきた季刊誌『皇室』については、発売元であったメディア・ミックス社トップと反社会勢力との交際が以前から噂されていたが、この会社を発売元に据えたのが打田氏であった。近年の靖国神社をめぐる混乱は、打田会長の意向のもと田中総長をはじめとする総代らが宮司人事に介入した結果であると見る関係者も多い。果ては部下との不倫関係を報じられた神政連の小間澤事務局長は今も現職にあるが、夫婦別姓反対の理由は家庭の崩壊を防ぐためではなかったのか。このように腐敗しきった団体が推進する憲法改正とは、一体何なのであろうか。

一方の神社本庁は、コロナ禍にあって全国の神社が対応に苦慮していた昨年春、突然事務所を閉鎖し関係者を失望させた。その後の評議員会の縮小や京都開催については、コロナ対策でなく疑惑隠しだとの声が上がった。さらには第三波が押し寄せている現在、全国の神社は初詣の対応に苦慮しているが、コロナ禍における新年の迎え方について神社本庁が真剣に議論してきた形跡は見当たらない。

神社本庁も神道政治連盟も、完全に存在意義を失った。しかし、権力に溺れた田中－打田の両氏は今もトップの座に懸命にしがみついている。都合の良い話しか耳に入らないのだろうが、裸の王様となったツートップは、新年にあたり何を神々に祈るのであろうか。

（令和三年一月・藤原　登）

## 神道人は社会の師表たれ　この危機を改革と再生の転機とせよ

　コロナ禍が続く中で令和三年の新春を迎えた。社会が危機に陥っても、人々が不安になろうとも、時間は確実に流れてゆく。命あるものが衰え死しても、必ず新しい生命が生まれてくることを思えば、私たちは日々、未来へつなぐ魂を持って生きているのかを問い続けなければならない。

　日本は今、危機的状況である。政府はgo-toキャンペーンを強行してきたその口で飲食店に時短営業を要請し、再度の緊急事態が宣言されると今度は外食自体を自粛しろという。すべて場当たり的な対策の繰り返しであるが、メディアも個別の事象を取り上げては、専門家のコメントを垂れ流すだけの報道を繰り返している。戦後の政治や言論の空間は歪んでいるだけでなく、品質の劣化も著しい。同時に、これを許してきた現代日本人の弱点を見事に浮かび上がらせている。

　七十五年前の日本は、大東亜戦争の敗戦下にあった。困難の度合いは今日の比ではない。しかし当時の日本人は、この未曽有の危機を乗り越えてきた。今、迫りくる危機は、間違いなく日本のその後の来し方に由来するものだ。政府与党内での調整や駆け引きが最優先される状況で、まともなコロナ対策ができるはずはないが、この状況に対する国民の無力感こそ、コロナの蔓延以上の危機である。

## ■三月十八日の地裁判決が神社本庁再生の契機となるか

コロナ禍がはからずも日本社会の劣化の状況と国民の弱点を炙り出したが、それがより深刻になるとどうなるか、鏡のように映し出しているのが、本稿の主題である神社本庁の現状だ。全国に約八万ある神社を包括し、その適正な運営を指導する立場でありながら、田中恆清総長と、盟友である打田文博神道政治連盟会長のツートップによる組織の私物化が今も続いている。この二人が職員職舎の廉価売却など、数々の不正行為に手を染めてきたのだ。しかしここで、全国各地の神道人が目を覚まし、神社本庁が正常化へ舵を切るなら、日本再生へのさきがけになると考える。

神社本庁の憲法である「神社本庁憲章」において神職は、品性を陶冶して、社会の師表たることを心がけるよう求められている。ところが神社本庁は、同じ師表でも「ウラ社会の師表」であった田中―打田両氏をトップに担ぎ出してしまった。日本の伝統文化を代表する神社界がこれでは、社会が壊れてゆくしかない。

であるから筆者は、本紙を通じて全国の神道人に訴えてきた。神社界の組織は清浄でなければならない。神社本庁が自浄することが、日本社会が再生する最低の条件だ。このままでは政治は乱れ、世の中も混沌となる一方である。このことは、神道人であるなら誰でも強く認識しているはずだ。

昨年十二月号で報じた通り、本年三月十八日に東京地裁で、元部長の稲貴夫氏、瀬尾芳也氏両名が神社本庁を提訴していた地位保全裁判の判決が下される。二人が神社本庁から懲戒処分を受けた理由は、百合丘職舎の売却で不正が行われたことを内部告発したためであったが、不正行為が事実であったことは三年にわたる審理で明らかにされてきた。処分は無効であるとの判決が下されれば、愈々神社本庁正常化のために力が結集される契機となろう。

## ■五箇条の御誓文を道標にせよ

天皇陛下は本年元旦、コロナ禍により中止となった新春一般参賀に代えて、ビデオメッセージを国民にお伝えになった。陛下は、幾度も試練を乗り越えてきた人類の歩みに触れた上で、この難局にあっても将来を信じ、「皆が互いに思いやりを持って助け合い、支え合いながら、進んで行くことを心から願っています」とのお言葉を述べられた。

このメッセージを七十五年前の元日に渙発された「新日本建設に関する詔書」と重ね合わせて拝聴した読者も多いことだろう。「人間宣言」と誤称されるこの詔書の目的が、その冒頭に掲げられた「五箇条の御誓文」であったことを後に昭和天皇が会見で述べられている。

神社本庁の正常化は、この五箇条の御誓文の精神を挺して遂行して欲しいと心から願う。それは、神社本庁の再生への道筋とその成否は、様々な形で外部にも影響すると考えるからだ。神社界だけの問題として解決できると、拙速に進めてはいけない。人材の育成と登用が要となろうが、以下の通り、五ヶ条の御誓文に示された維新の理念がその道標になるだろう。

一　廣ク會議ヲ興シ萬機公論ニ決スヘシ

今までは、ルールを無視した茶番に等しい会議が続いていた。そんなことはもう許されない。真剣な討議がなされれば、そこに私利私欲が入り込む余地はない。

一　上下心ヲ一ニシテ盛ニ經綸ヲ行フヘシ

田中―打田体制において人事が私物化されてきた。これでは心を一つにして業務を遂行できない。まずは人事の刷新からだろう。

一　官武一途庶民ニ至ル迄各其志ヲ遂ケ人心ヲシテ倦マサラシメンコトヲ要ス

神職身分制度のお手盛り運用を廃し、神社の護持と社会の発展のために神道人それぞれの志が実現しうる体制を目指さなければならない。

一　舊来ノ陋習ヲ破リ天地ノ公道ニ基クヘシ

神社本庁には陋習が山ほどあると思われる。神職に社会の師表を求めるなら、コンプライアンス重視の組織運営は当然である。

一　智識ヲ世界ニ求メ大ニ皇基ヲ振起スヘシ

社会の進展を通して神職にも新しい知識や能力が求められるのではないか。また、これまでの神職教育の中に、今日の事態をもたらした原因はないか。教育システムの総点検が必要だろう。

日本再生への新風を神社界から吹き込むためにも、祭祀を司る神道人が一念発起し、まずは神社本庁を長年蝕んできた邪気と弊風を祓い除けてほしい。そのためには維新回天を成し遂げんとする気構えが必要であるが、来るべき日のために進んで身を投じられるよう、日頃の鍛錬に怠りなきことを願う。

（令和三年二月・藤原　登）

## ついに傘下の神社庁が田中―打田体制にＮＯ！
## 神社界は自浄と再生の道を歩め

神社本庁の控訴により東京高裁に審理の場が移った職員の地位保全裁判は、令和三年六月八日に一回目の弁論が開かれる。神社本庁は労働裁判専門の弁護士を新たに迎え入れて控訴審に臨んでいるが、焼石に水とはこのことだ。神社本庁は一審で原告らを「神職であるにもかかわらず労働裁判を仕掛けた」などと周囲に喧伝していたようだが、そもそも「宗教団体であるにも拘わらず、神職でもある職員をただの労働者と見なして処分した」のであるから、すべてが御都合主義なのだ。そして遂に傘下の神社庁から矢が放たれた。大慌ての神社本庁の姿を紹介するとともに、これからの再生への道について提言したい。

### ■福島県神社庁からの強烈な一矢に、たまらず総長名で怪文書発出

神社本庁全面敗訴の一審判決は、これまで沈黙していた神社関係者に大きな衝撃を与えたようだ。福島県神社庁は四月二十日、幹部五名の連名で、職舎の廉価売却で被った損失や弁護士費用の本件事案に賛成した役員による負担、さらに田中総長、神政連打田会長の即刻退陣等を求める要望書を統理宛に提出したのである。これまで我慢に我慢を重ねてき

た堪忍袋の緒が、遂に切れたのだ。

この状況下で五月末に開かれる評議員会に注目していたが、またもコロナ禍で規模縮小の上、リモートでの開催となったようだ。そして、福島県に追随する動きを押さえ込むのが目的であろうが、神社本庁は「元職員らによる地位確認請求訴訟判決をめぐる報道について」なる文書を五月十八日、田中総長の名前で各県神社庁に送付した。眼の玉が飛び出る事柄が臆面なく書かれている通知文の内容は「jijyo. jp」を御覧戴きたいが、裁判では「任務違背は認められない」ことが確認されたなどと、意味不明の文言のオンパレードで、正真正銘の怪文書である。総長名の怪文書を受け取った神社庁はさぞかし面食らったことだろう。長期にわたる組織私物化が招いた哀れな結末である。

## ■自浄と再生のために、将来へ向けた徹底的議論を始めよ

神社本庁田中—打田体制はもはや限界に達した。ここから、新体制への具体的な動きが出てくることを期待したい。しかし、ことを急いてはいけない。田中—打田体制の影響は取り除かなければならないが、それは容易ではない。組織を蝕む病原菌を無毒化するには強力な抗生物質が必要だが、力で取り除こうとすれば強烈な副作用を覚悟しなければならない。また、新体制にとっては何よりも真相の解明が重要であろう。

真相解明と同時に、劇薬を使わずに田中－打田体制の負の遺産を断ち切るには、並行して神社関係者の全員参加を前提に、神社本庁及び神社界のこれからの姿について、真剣かつ徹底的な議論を始めることだ。奇想天外に聞こえるかもしれないが、これが新体制の発足に仇をなそうとする人たちの影響を断ち切る有効な方法であると思う。真剣な議論がある組織には、つけ入るスキや弱みが生じないからだ。

## ■新執行部に議論してほしいこと

そこで新体制に議論してほしいテーマについて、僭越だが筆者の考えを提案する。

①能力主義と若手や女性の登用による組織の活性化

オリンピックやコロナ対策をめぐるお歴々の方々の失態は、国民をある程度目覚めさせたことだろう。もちろん、その年代の方々を十把一絡げに批判するつもりはないが、神社界も能力主義を前提に若手や女性をもっと登用することで、組織がより活性化するのではないか。

②人材の発掘と教育体制の改革

日本は広いし神社界も広いと思う。全国隈無く目を広げると、熱心な神道の信奉者も含めて、神社関係者の中には有為な人材がたくさんいると思われる。逆に田中－打田体制の時代はいくら能力があっても、彼等の配下にならなければ、神社界で活躍する道が閉ざされていたのではないか。人材を発掘し、それを教育体制の改革に活かすことができれば、一石二鳥であろう。

③神社及び神職制度の見直し

神職の希望者は大勢いても、決定的に不足しているのは過疎地域など、財政的に苦しい神社の後継者だ。いろいろ話を聞くと、やはり収入の問題が大きい。何十社と宮司を兼務している例もあるが、収入のない神社をいくら兼務しても暮らしていけないのは当然だ。こうした問題への対応こそ神社本庁の役目であろう。神社と神職の制度そのものを見直さなければ解決しようがないと思われるからだ。これこそ、神社本庁が真剣に議論すべきテーマではないか。

④神社の情報発信力の強化

神社も情報化社会に乗り遅れるなという話がよく聞こえてくる。しかし、昔から神社は一つの情報拠点であったのではないか。それが今、情報化社会と言えば情報に関する技術的進歩の観点からの話になるので議論が噛み合わなくなるが、神職はじめ関係者の意識や姿勢の問題が重要であると思う。問題は、神社が継承している社会的な価値観を社会へ発信する、その表現力にあるのではないか。そうした観点での議論が大切であると思う。

以上はあくまでも一例だが、自浄と再生の問題も含め、将来的な課題を議論し、前進してゆくための知恵を集約し共有してゆく受け皿が是非とも必要だ。必要なのは真剣な議論とそれを可能とする「場所」の常設だと思う。真剣な議論ができなければ、神社本庁の再生は危ういし、本来なら神社新報が有力な場所の候補でなければならないことも含めて、検討の素材にしてほしい。

再生がなった神社本庁は、神職の使命を担い得る人材の育成に力を注いでほしい。人材育成こそ建物で言えば基礎と土台である。基礎と土台がしっかりすれば、その上に暴風雨や大地震にも耐えうる神社本庁を築くことができるのだ。

（令和三年六月・藤原　登）

# あとがき

本書の序章にある通り、平成十六年に明治神宮が神社本庁を離脱した。数年後に復帰したが、その前年に、上関原発用地となった神社所有地の中国電力への売却を断固拒否していた山口県・四代八幡宮の林春彦宮司が神社本庁から解任された。当時から神社界ではキナ臭い話に事欠かず、その後も石川県・気多大社、京都府・梨木神社などが離脱した。中でも平成二十九年に離脱した東京・富岡八幡宮では、その年の暮れに宮司の姉を元宮司の弟が日本刀で殺害するという惨劇まで起きた。

これら一連の離脱の事案や事件には何の脈絡も無いように見える。しかし、何れも神社本庁が深く関わっているのではないか。本書が俎上に載せている神社本庁及び神道政治連盟の存在と運営が、こうした事件や問題が生まれる下地にあるのではないか、と疑ってみるのが自然だろう。

その疑いは平成二十九年、神社本庁の職舎売却をめぐる不正疑惑が表面化するに及んで決定的となった。この不正を告発したために懲戒処分を受けた元部長らが、地位保全を求めて神社本庁を相手に起こした裁判が、すべての始まりだった。利権と権力欲に溺れた神社本庁の憂うるべき現状を弊会は重要な問題として受けとめたのである。

日本を覆う道義的な退廃。その悪風が政財界のみならず神社界にも及び、その中枢部は腐り切り、周囲にも多大な悪影響を及ぼしている。もう猶予はできない。神社界の綱紀粛正が必要であると考えたのだ。

神社本庁を訴えた元部長の稲氏とは旧知の間柄である。共通の友人が居り、二十年以上前から同憂同志の集まりなどで何度か顔を合わせることがあった。控え目ながらも、言動に一本筋が通った人物だと認識していた。稲氏が同僚とともに懲戒処分をうけ、神社本庁を解雇されたと聞いたときも彼の正義を信じたが、稲氏から直接事件の真相を聞いたとき、神社本庁の設立に心血を注がれた葦津珍彦大人より、若かりし頃に教えを請うた者の一人として、神社本庁を正す助っ人として馳せ参じなければならないと思った。

神社は日本の聖地である。日本人の精神性、美意識、そして時には勇壮な祭りによって力強さを映し出し、日本の風土を守るためにも無くてはならない場所だ。さらに神道の祭りは、皇室に連なる雅の世界へと我々を誘う。日本人のアイデンティティである。

ところが今、神社を束ねる神社本庁のトップには、「逆賊」同様の人物が就いている。この状況を正さずにおられようか。国民共同体のための神社を取り戻さなければならない。そのために神社本庁の指導部を正すレコンキスタへの連載を考えていた矢先、たまたま旧友から別件で連絡があった。神社や宗教にも造詣が深いその友・藤原登氏にこの話をしたのが、長い連載の始まりとなった。奇縁というか、神々の導きに違いない。

不思議なことだが、神社本庁の自壊という現実がある一方で、それを憂うる人々の力が起点となって、よりよい方向に進んでゆくのではとの期待感が私にはある。単に神社本庁を叩き直すだけでなく、再び今回のような事態にならないよう、神社及び関係者を支えるのが、国民である我々の役目ではないかとも考えている。

日本の神々と国土は混沌状態から誕生した。長い歴史の射程でみるなら、令和の時代は混沌から始まったが、次の新しい時代への基礎ができた時代だと後世の人々から評されるよう働くのが我々のつとめである。国家と皇室の安泰のために、日本及び世界諸民族・諸国家の真の自立のためにだ。

そんなことを考えながら、本書を世に出すことに協力戴いた皆様の期待に応えるためにも沢山の神社関係者の目に留まることを願って、あとがきを記した次第である。

最後に、著者の藤原登氏、連載の口火を切って戴いた早乙女好雄氏に心から感謝申し上げたい。

令和三年五月吉日

一水会代表　木村三浩

# 資料

# 神社本庁職員の懲戒処分無効確認訴訟の経過と地裁判決の概略

## 神社本庁について

神社本庁は占領下の昭和二十一年、神道指令により国家管理を離れた神社が、その後も一体性を以て神社神道の護持発展に取り組むことを目的に設立された団体(包括宗教法人)である。現在、約七万九千社の神社を包括し、それぞれの神社に計約二万二千人の神職が奉仕している。

役員構成は団体の代表者として統理が、その下に宗教法人法の定める責任役員として一七名の理事が置かれ、理事の中から総長(代表役員)、副総長及び二名の常務理事が選ばれる。また、理事の選任などを行う最高議決機関として評議員会がある。役員の任期は三年で、現在の総長(田中恆清氏・石清水八幡宮宮司)は異例の四期目である。

現在、神社本庁には約六十人の職員が勤務している。また各都道府県には神社庁がある。関係団体である神道政治連盟の会長は現在、神社本庁旧職員である打田文博氏(小國神社宮司)が務めている。中央本部に勤務する事務局長以下の事務局員は神社本庁職員が兼務している。

## 百合丘職舎の売却問題について

神社本庁は平成二十七年、基本財産として川崎市に所有する簿価七億五千万円を超える百合丘職舎を老朽化、維持管理、危機管理上の問題などを理由に、売却先が利害関係者であることを秘匿したまま不動産会社の㈱ディンプル・インターナショナル（以下、「ディンプル社」）に一億八千四百万円で売却した。しかし翌年の役員会で松山文彦理事（当時）が、職舎が中間省略で即日転売されていることや転売後に設定された根抵当権の金額（三億円）から、売却価格は不当な廉価ではなかったかと指摘したことで、売却に絡む疑惑が表面化した。

## 職員の告発と懲戒処分について

この疑惑に対する執行部の対応に疑問を持った総合研究部長の稲参事は、売却先の不動産会社の背後関係などからも疑惑には相当の真実性があることを確信するに到り、前財政部長の瀬尾参事の証言などをもとに告発文「檄―己自身と同僚及び諸先輩方を叱咤し、決起と奮起を求める―」を作成し役員二名（当時の小串副総長、櫻井理事）に手交した。

## 「檄」の内容（要点）

**前段―関係者への謝罪と反省**

・職舎売却の真の目的を見抜けず、部長会で随意契約によるディンプル社への売却に賛成してしまったこと。

・平成十年の『わたしたちの皇室』創刊時の担当職員でありながら、売却先のディンプル社が、同誌を神社界へ販売しているメディア・ミックス社の関連会社であることに気づかぬままであったこと。

・結果的に全国神社および関係者の浄財からなる神社本庁の財産を大きく損失させる行為に加担してしまったこと、など。

**後段―疑惑を隠蔽し続ける当事者に対する責任追及と関係者への呼びかけ**

・百合丘職舎売却は役職員（元職員を含む）の絡んだ背任行為であることは明白。

・職舎疑惑の責任を財政部長であった瀬尾参事に負わせようとしている総務部長、総務課長、この二人を陰で操っている者（元職員の神道政治連盟会長打田文博氏）に対する指弾。

・神社本庁正常化の呼びかけ、など。

その後、紆余曲折を経て、百合丘職舎売却の経緯を検証する調査委員会（委員長は國分正明理事）が設置されたが、売却は適法かつ妥当であったとする報告書が平成二十九年七月に提出され、それを根拠として同年八月二十五日、稲部長は解雇、瀬尾部長は減給降格の懲戒処分を受けた。処分を不服とした両氏は同年十月十七日、処分の撤回を求めて神社本庁を東京地裁に提訴した。

## 裁判の経過について(概略)

三年半にわたる審理を経て、令和三年三月十八日に地裁判決が言い渡された。それまでの審理の経過は以下の通りである。

・口頭弁論　四回
・弁論準備　一四回(和解協議を含む)
・提出書面等
　原告訴状、準備書面一～一三(最終)、証拠は一～九七号証
　被告答弁書、準備書面一～九(最終)、証拠は一～一二〇号証
・証人尋問　二回(令和二年二月二十日・三月九日)

**証人尋問出廷者**

原告側　・葦津敬之(宗像大社宮司・神社本庁旧職員)
　・稲　貴夫(原告本人)
　・瀬尾芳也(原告本人)

被告側
・小野崇之（宇佐神宮宮司・神社本庁旧職員）
・眞田宜修（明治神宮禰宜・神社本庁旧職員）
・木田孝朋（生田神社権宮司・神社本庁旧職員）
・原田恒男（広島県神社庁参事・神舎本庁旧職員）

**陳述書提出者（証人尋問出廷者以外の提出者）**

原告側
・小串和夫（前熱田神宮宮司・前神社本庁副総長）
・吉田茂穂（鶴岡八幡宮宮司・前神社本庁常務理事）

被告側
・小間澤肇（神社本庁渉外部長兼神道政治連盟事務局長・陳述書提出当時は秘書部長を兼務）
・牛尾　淳（神社本庁教化広報部長）

※尚、田中恆清氏（神社本庁総長）、打田文博氏（神道政治連盟会長）、及びディンプル社の高橋恒雄社長については被告側から証人申請がなされず、陳述書の提出もなかった。

## 裁判の争点について(概略)

原告らに対する懲戒処分(稲に対する懲戒解雇、瀬尾に対する降格・減給処分)が権利の乱用にあたり認められないか、それとも客観的合理的理由及び社会通念上相当性があるのか、が争われた。主な争点は以下の通りである。

**原告・稲に関する事項**

(解雇理由1)「檄」を作成・交付したこと

原告側主張　内部通報的な意味で目的は正当。交付先は役員二名で内容は事実。

被告側主張　被告組織秩序への重大な攻撃。内容が形を変え伝播し、名誉棄損。

(解雇理由3)警視庁公安部警察官へ相談し、資料を提供したこと

原告側主張　守秘義務を負う警察官に相談し、根拠のある情報を提供したもの。

被告側主張　情報漏洩により、事実に反した疑惑を外部に広めた。

※(解雇理由2)の「当初『檄』の作成を否認したこと」、および、(解雇理由4)の「調査報告書で疑惑が否定されたにも拘わらず、反省せずに田中総長に質問状を提出したこと等」は省略。

**原告・瀬尾に関する事項**

（処分理由1）ディンプル社との随意契約に方針変更した経緯（原告瀬尾への圧力の有無）

原告側主張　方針変更は、打田会長の指示を受けた職員からの圧力と「ディンプルの高橋さんに任せといたらええんや」との総長発言によるもの。

被告側主張　圧力や打田会長の関与はない。総長発言は見積り業者に加えてはどうかという提案。

（処分理由2）総長、秘書部長から事情聴取を受けたことに対して、懇親会の席で部下に対し、「総長は稀代の大馬鹿者だ」と発言したこと

原告側主張　匿名文書の犯人であるかのような扱いを受けたことに対する、飲み会の席での上司に対する愚痴に過ぎない。

被告側主張　総長や担当者を誹謗し、部下からの信用を失墜させ、職場秩序を乱した。

※（処分理由3）の「ディンプル社との面談記録を原告稲に漏らしたこと」、および、（処分理由4）の「調査報告書で疑惑が否定されたにも拘わらず、反省せずに田中総長に質問状を提出したこと等」は省略。

尚、被告側は最終準備書面において、本件懲戒処分が無効とされれば、被告の信教の自由は決定的に破壊されるので、裁判所が神社神道を潰す結果となることを日本国憲法は許容しない筈であるなどとの主張を加えた。

## 判決について（概略）

令和三年三月十八日に東京地方裁判所で言い渡された判決は、原告の請求をすべて認める神社本庁の全面敗訴であった。判決文は本文八八頁、別紙六頁にわたるが、以下に判決文の要点のみ記載する。

### 主文について

判決主文は、左記の通り原告の請求をすべて認めた。

・被告が、原告の稲・瀬尾両氏に課した懲戒処分が無効であること

・被告は、原告の稲・瀬尾両氏に対し、それぞれ雇用契約に基づく賃金相当額、懲戒処分により減額された賃金相当額を支払うこと　ほか

### 主要な裁判所の事実認定

#### ○認定事実

裁判所は判決文の中で、事件の背景事情も含めて、判決の前提となる事実を一四項目二八頁にわたり認定している。その中で特記すべき事項は以下の通り。

・季刊誌『皇室』販売しているメディア・ミックス社の設立時より取締役を務めている

日本レスリング協会会長の福田富昭氏と、神道政治連盟の打田文博会長は親しい関係にあることが報道されていること。また、打田会長は、平成二十一年からメディア・ミックス社の代表取締役に就任した高橋社長と二十年来の付き合いがあること等。

・神社本庁と関係の深い国民精神研修財団(現在の公益財団法人日本文化興隆財団)が平成十二年に、宿泊研修施設として所有していた全国神社会館を國學院大學に売却し神社本庁の近隣に移転した際にもディンプル社が介在していたこと。また、ディンプル社が財団移転先のビルを取得するために融資を受けた人物と指定暴力団との関係等。

・青山職舎(平成二十四年)、中野職舎(二十五年)の売却にもディンプル社が介在し、同職舎を神社本庁から買い取ったディンプル社が即日転売していること等。

## ○原告稲に関する事項

### (解雇理由1について)

「解雇理由1に係る行為は、(略)就業規則に定める懲戒事由に外形的に該当する行為である。しかし、田中総長及び打田会長が、本件売買について背任行為を行った事実、及び、牛尾課長がこれに加担した事実については、①真実であるとは認められないものの、本件文書を理事2名に交付した当時、原告稲が、これを真実と信じるに足りる相当の理由があったといえ、②不正の目的であったとはいえず、③手段は相当であったから、公益通報者を保護し、公益通報の機会を保障することが、国民生活の安定などに資するとの公益通報者保護法(※解説参照)の趣旨などに照らし、本件文書の交付をもってこれらの事実を摘示した行為は違法性が阻却されて懲戒すべき事由といえないというべきである。」

尚、この中で、百合丘職舎の売却価格が一般的な取引価額より低額であることから、売却は適正であるとした調査報告書の結論を「採用できない」とし、また、原告瀬尾が、田中総長及び(打田会長の意を受けた)牛尾課長から、ディンプル社へ売却するよう示唆を受けたとする原告瀬尾の供述は「十分信用するに足りる」と判断している。

※解説

公益通報者保護法　公益通報者を保護し公益通報の機会を保障することが、国民生活の安定などに資するとの趣旨で、公益通報を理由とする降格、減給その他不利益取扱いを禁止する法律。労働者が法令違反行為の通報を行った場合、通報内容の真実性を証明できなくても、

①通報内容が真実であるか、又は真実と信じるに足りる相当な理由があり、

②通報目的が、不正な利益を得る目的、他人に損害を加える目的その他の不正の目的でなく、

③通報の手段方法が相当である場合には、当該行為が被告の信用を棄損し、組織の秩序を乱すものであったとしても、懲戒事由に該当せず又は該当しても違法性が阻却される。

**（解雇理由3について）**

「解雇理由3に係る行為は、（略）就業規則に定める懲戒事由に外形的に該当する行為である。しかし、前記の各事実については、①いずれも真実性は認められないものの、原告稲が、これを真実と信じるに足りる相当の理由があったといえ、②不正の目的であったとはいえず、③手段は相当であったといえる。したがって、公益通報者保護法の趣旨などに照らし、違法性が阻却され懲戒すべき行為に当たらないというべきである。」

以上のことなどから、「本件解雇は、懲戒権の行使が、客観的合理的な理由がなく、社会通念上相当性を欠くものであり無効である」と判断した。また、原告稲を「被告の組織に留めることは被告の宗教活動を阻害し、被告の信教の自由や宗教的結社の自由が侵害されることとなる」との主張については、被告は、庁規を始めとする諸規定により職員を規律してきたのであり、信教の自由や宗教的結社の自由を侵害する事態となるとは認め難いと判断した。

**○原告瀬尾に関する事項**

**（処分理由1について）**

被告は、瀬尾（の一連の）発言は事実と異なる旨主張するが、原告瀬尾が、「田中総長及び牛尾課長から、百合丘職舎をディンプル社に売却するよう示唆を受けた事実があり、」瀬尾発言は事実と異なるものではない。「したがって、処分理由1に係る行為は、事実を述べたものであり、懲戒事由に当たるとは認められない。」

**（処分理由2について）**

処分理由2に係る行為は、部下に対し、上長からの命令に応じない旨を公然と表明し、被告の代表者を「大馬鹿者だ」と非難したもので、秩序を乱す行為といえる。しかし、「秩序を乱す行為といえるが、宴席における一回限りの発言であり、発言については、後に謝罪しているので、降格とすることは重きに失する」と判断した。

故に本件処分は、懲戒処分としての客観的合理的な理由がなく、社会通念上相当性を欠き無効と判断。

以上

（尚、神社本庁は三月二十二日付で控訴状を東京地裁に提出した）

# 登場人物(50音順)

**葦津珍彦(あしづ　うずひこ)**
明治四十二年、福岡・筥崎宮の社家に生まれる。青年時代は社会主義思想に傾注するが、やがて尊皇思想に目覚める。神社建築業を営む傍ら多くの神道思想家、民族運動家と交わり、敗戦後は神社本庁設立に大きな役割を担った。神社新報の主筆などをつとめ、数多くの著作物を通して戦後民族派運動の理論的支柱となった。平成四年没。

**葦津敬之(あしづ　たかゆき)**
神社本庁広報部長などを経て、現在、福岡県・宗像大社宮司。神社本庁総務課長をつとめていた平成十一年から翌年にかけて、国民精神研修財団(現日本文化興隆財団)の移転に関し、㈱ディンプル・インターナショナル社に対する規程違反の便宜賦与について上司などから指示を受ける。令和二年二月の証人尋問に原告側証人として出廷。

**稲貴夫(いな　たかお)**
神社本庁懲戒処分無効確認訴訟原告。元神社本庁総合研究部長。独自に百合丘職舎売却疑惑を調査し、打田文博氏の関与を確信。小串副総長、櫻井理事に告発文「檄」を手交するとともに、警視庁公安部警察官に相談し情報を提供するなど真相究明をはかった。しかし、「違法性はない」との調査委員会報告を根拠に平成二十九年八月、神社本庁を懲戒解雇処分となる。同年十月、処分の撤回を求めて瀬尾氏とともに神社本庁を東京地裁に提訴。令和三年三月、原告勝訴の一審判決が下された。

**牛尾淳（うしお　あつし）**

神社本庁教化広報部長。総務課長時代に小野総務部長の命で百合丘職舎の売却業務に関与し、信託銀行による仲介などを模索していた瀬尾財政部長に、打田会長からの指示で「ディンプルの高橋社長が怒っている」などと圧力をかけたとされる。

**内田智（うちだ　さとし）**

神社本庁の顧問弁護士。日本文化興隆財団理事のほか、美しい日本の憲法をつくる国民の会事務局次長などをつとめる。

**打田文博（うちだ　ふみひろ）**

神道政治連盟会長、静岡県・小國神社宮司。神社本庁渉外部長、神道政治連盟事務局長、幹事長等を経て平成二十八年同連盟会長に就任。神社本庁田中総長の盟友であり、百合丘職舎売却をはじめ数々の疑惑への関与が疑われてきた。

**S秘書課長**

令和二年六月に退職するまで、神社本庁に三十年間、秘書課一筋で勤務してきた女性課長。直属の上司である小間澤秘書部長との不倫関係が発覚した四ヶ月後に依願退職。「黒革の手帳」を所持しているのではと、週刊新潮に報じられた。

**小串和夫（おぐし　かずお）**

前神社本庁副総長。熱田神宮名誉宮司。副総長時代に原告の稲氏より告発文「檄」を受け取る。平成二十九年に職舎売却の経緯を調べる調査委員会を設置するが、真相究明にはほど遠い調査結果が出され、それを根拠に職員が処分されたことを受けて北白川統理に辞表を提出。現在、皇學館大学理事長をつとめる。

**小野崇之（おの　たかゆき）**
神社本庁総務部長を経て、平成二十八年より大分県・宇佐神宮宮司に就任。宮司に就任直後から神社運営をめぐり地元とのトラブルが相次ぎ、宮司の退任を求める署名運動が起きる。総務部長時代に百合丘職舎売却の方針を示した検討会議の委員長をつとめた。令和二年二月の証人尋問に被告側証人として出廷。

**加藤治樹（かとう　はるき）**
神道政治連盟副会長、石川県・尾山神社宮司。石川県神社庁長、神社本庁理事、同常務理事等を歴任。田中総長、打田会長の腹心として、令和元年五月の評議員会における議長選挙及び理事選挙において、常務理事でありながら選考委員長をつとめ、田中総長四選のお膳立てをした。

**北白川道久（きたしらかわ　みちひさ）**
神宮大宮司を経て平成二十三年より同三十年まで神社本庁統理に就任。統理退任後の平成三十年十月に逝去。

**木田孝朋（きだ　たかとも）**
兵庫県・生田神社権宮司。平成二十七年、瀬尾氏の後任で財政部長をつとめ、百合丘職舎のディンプル社への売却を取り進めた。令和二年二月の証人尋問に被告側証人として出廷。

**國分正明（こくぶん　まさあき）**

神社本庁理事、伊勢神宮崇敬者総代。文部事務次官等を歴任した文部官僚の出身であり神職ではない。森喜朗文部大臣時代は大臣官房会計課長等として仕えた。百合丘職舎売却の調査委員会委員長をつとめ、違法性はないとする報告書をまとめた。

**小林一朗（こばやし　いちろう）**

神社本庁評議員、埼玉県神社庁副庁長、久伊豆神社宮司。田中総長の腹心として、評議員会では田中執行部を擁護するための発言を繰り返してきた。

**小間澤肇（こまざわ　はじめ）**

神社本庁渉外部長、神道政治連盟事務局長。打田会長の子飼い筆頭とされる。秘書部長を兼務していた令和二年三月、部下であるＳ秘書課長との不倫をダイヤモンド・オンラインにスクープされるが、今も現職にとどまっている。また、モデルが中国人であったことが判明し話題となった「私、日本人でよかった」ポスター製作の責任者であった。

**櫻井豊彦（さくらい　とよひこ）**

前神社本庁理事。静岡県神社庁長。富知六所浅間神社宮司。理事時代に原告の稲氏より告発文「檄」を受け取る。

**眞田宜修（さなだ　よしのぶ）**

神社本庁秘書部長、総務部長等を経て、平成三十年四月より明治神宮へ禰宜として転任。秘書部長時代は役員の意向であるとして百合丘職舎不要論を主張。職舎売却をめぐる疑惑が発覚すると、部下の牛尾総務課長とともに瀬尾前財政部長に責任を負わせようと画策した疑いが持たれる。令和二年二月の証人尋問に被告側証人として出廷。

**瀬尾芳也（せのお　よしや）**

神社本庁懲戒処分無効確認訴訟原告。前神社本庁教化広報部長。財政部長時代に百合丘職舎の売却を基本方針の決定まで担当する。疑惑発覚後に田中総長や顧問弁護士から尋問を受け、さらに瀬尾氏への責任転嫁の動きがあったため稲氏に対応を相談していた。「売却に違法性はない」との調査委員会報告を根拠に平成二十九年八月、減給降格処分となる。同年十月、処分の撤回を求めて稲氏とともに神社本庁を東京地裁に提訴。令和三年三月、原告勝訴の一審判決が下された。

**鷹司尚武（たかつかさ　なおたけ）**

神宮大宮司として平成二十五年の第六十二回式年遷宮を奉仕。北白川道久氏の後をうけて平成三十年に神社本庁統理に就任。以来、田中派理事が大半を占める中で神社本庁の正常化に腐心している。

**高橋恒雄（たかはし　つねお）**

㈱ディンプル・インターナショナル社長。㈱メディア・ミックス社が改名した㈱ベストオンアースの社長もつとめる。福田富昭氏とは日本大学レスリング部の二年後輩にあたり、ともに神道政治連盟の打田会長と二十年以上の盟友関係にある。

**田中恆清（たなか　つねきよ）**

神社本庁総長、京都府神社庁長、石清水八幡宮宮司。神道政治連盟総務会長、幹事長、神社本庁

副総長を経て平成二十二年、神社本庁の総長に就任、現在も異例の四期目をつとめている。盟友である神道政治連盟打田会長の政治的人脈を背景に神社界を強権的に支配してきた。

**中山高嶺（なかやま　たかね）**

神社本庁評議員会議長、埼玉県神社庁長、三峯神社宮司。評議員会の議長として、百合丘職舎売却に絡んだ議題や動議を処理した。令和元年五月の議長選挙では、得票が対立候補と同数でありながら、加藤治樹委員長の裁定で四期目の議長に就任。

**原田恒男（はらだ　つねお）**

広島県神社庁参事。神社本庁秘書部長であった平成二十九年、百合丘職舎売却をめぐる調査委員会や、稲、瀬尾両参事の懲戒処分をめぐる事務処理を担当する。令和二年三月の証人尋問に被告側証人として出廷。

**福田富昭（ふくだ　とみあき）**

日本レスリング協会会長。東京オリンピック組織委員会評議員。季刊誌『皇室』を販売していた㈱メディア・ミックス社を創業。高橋恒雄氏とは日本大学レスリング部の二年先輩にあたり、ともに神道政治連盟の打田会長と二十年以上の盟友関係にある。

**藤原隆麿（ふじわら　たかまろ）**

神社本庁勤務を経て、宮司であった父親の逝去にともない平成九年より岩手県・盛岡八幡宮宮司をつとめていた。岩手県神社庁長、神道政治連盟総務会長、神社本庁理事であった令和二年五月、全役職の辞表を提出した直後に謎の自死を遂げた。

**松山文彦（まつやま　ふみひこ）**

前神社本庁理事。東京大神宮宮司。平成二十八年五月の神社本庁理事会で前年の百合丘職舎の売却には不審な点がいくつもあることを指摘。これを契機に疑惑が表面化した。

**吉田茂穂（よしだ　しげほ）**

前神社本庁常務理事。神奈川県神社庁長。鶴岡八幡宮宮司。神社本庁の正常化に腐心し、令和元年五月の評議員会で理事選挙に全国理事として出馬するが、加藤選考委員長が強引に投票方法を変更したために落選した。

# 関係団体解説

## 神社本庁

伊勢神宮を本宗と仰ぎ、全国約八万の神社を包括する宗教法人。昭和二十一年、神社の国家管理廃止により皇典講究所、神宮奉斎会、大日本神祇会の民間三団体を母体に、全国神社の総意のもとに設立された。設立にあたっては、神祇院関係者の他に葦津珍彦氏ら民間神道人も奔走し、関係各署との交渉にあたった。昭和六十二年に國學院大學近くの旧庁舎から現在の代々木の新庁舎へ移転した。現在、全国約七万九千社の神社を包括し、約二万二千人の神職がいる。また、職員数は約六〇人で、各都道府県には神社庁がある。

## 神道政治連盟

昭和四十四年に神社本庁を母体に設立された団体。「神道精神を国政の基礎に」をスローガンに活動を展開する。打田文博氏が平成十九年から幹事長、平成二十八年から会長をつとめる。

神道政治連盟の理念に賛同する「神道政治連盟国会議員懇談会」は、安倍晋三前首相が会長をつとめる。

## 日本文化興隆財団

昭和四十五年、全国神社総代会を母体に国民精神研修財団として設立され、神社本庁旧庁舎のすぐ近くで主に神社関係者向けの宿泊研修施設を運営していた。神社本庁の移転に伴い経営が悪化したため、平成十三年に事務所を神社本庁の新庁舎近くのビルに移転した。その移転に際し㈱ディンプル・インターナショナルが深く関与し、当時財団の事務局長を兼務していた神社本庁の小野崇之財政部長が同社に便宜を与えていた疑いが持たれている。

移転後に名称を現在名に変更し、平成三十年に公益財団法人となった。理事長は神社本庁田中総長がつとめ、季刊誌『皇室』の販売促進等の事業を行っている。

**㈱神社新報社**
昭和二十一年の設立より神社界の情報を伝える週刊の「神社新報」を発行。長年にわたり故葦津珍彦氏が主筆をつとめ、神社界のみならず政界や思想家、民族運動家にも影響力を及ぼしてきた。百合丘職舎の売却疑惑や地位保全をめぐる裁判をめぐっては公正適切な報道が期待されたが、これまでは断片的な報道の繰り返しに終始している。

**㈱日本メディア・ミックス**
日本レスリング協会の会長を長年つとめる福田富昭氏が創業した会社で、季刊誌『わたしたちの皇室』（その後『皇室』に改称）を創刊時から全国の神社に販売していた。
平成三十一年、㈱ベスト・オン・アースに改名し、社長には再び高橋恒雄氏が就任した。

**㈱ディンプル・インターナショナル**
平成十一年の国民精神研修財団ビルの売買をはじめ、百合丘職舎の売却にいたるまで、神社本庁関連の不動産の取引に携わってきた。現社長の高橋恒雄氏は福田富昭氏の日大レスリング部の二年後輩にあたる。

**宇佐神宮**
大分県宇佐市に鎮座する神社で、全国に十六社ある勅祭社の一つ。全国八幡神社の総本社でもある。

宮司、権宮司の人事をめぐり社家である到津宜子氏との間でトラブルが起きていたが、神社本庁が平成二十八年に宮司に任命した小野崇之宮司の強権的態度に地元が反発。小野宮司の退任を求める署名活動にまで発展している。

## 富岡八幡宮

「深川の八幡さま」として名高い東京下町を代表する神社。前宮司の退任に伴う後任宮司として神社が具申していた富岡長子氏の就任を神社本庁が六年の長期にわたり却下していた。その結果、平成二十九年に富岡八幡宮は神社本庁を離脱し長子氏が宮司に就任するが、それを妬んだ元宮司で長子氏の弟の茂永氏が日本刀で殺害、自らも妻とともに自害するという惨劇に発展した。

## 文化庁文化部宗務課

宗教法人法に基づく宗教法人の認証事務や宗教に関する資料収集などを主な業務とする文部科学省が所管する部署。文部科学大臣の諮問機関である宗教法人審議会を所管している。

## 警視庁公安部公安第三課

右翼民族派団体の捜査や動向把握を任務としている。神社本庁や神道政治連盟とも関係が深く、公安畑の勤務が長い現課長のT警視正は、神道政治連盟の打田会長と一緒にゴルフをしていたとの情報もある。

# 疑惑の相関図

**神社本庁**

［役員］
統理　北白川久道→鷹司尚武
総長　**田中恆清**
副総長　小串和夫→吉川通泰
常任理事　吉田茂穂→西高辻信良
吉川通泰→加藤治樹
→小野貴嗣
理事　松山文彦（元）櫻井豊彦（元）
國分正明　藤原隆磨（故人）
ほか

［事務局］
本宗奉賛部長　湯澤豊
秘書部長　眞田宣修→原田恒男
→小間澤肇→岩橋克二
総務部　小野祟之→眞田宣修
→荒井実
財政部　瀬尾芳也→木田孝朋
→香取大信
渉外部　小間澤肇
教化広報部　稲貴夫→瀬尾芳也
→牛尾淳
総合研究部　原田恒男→稲貴夫
→眞田宣修→浅山雅司

［評議員会］
議長　中山高嶺

［顧問弁護士］**内田智**

**日本文化興隆財団**
理事長　**田中恆清**
副理事長　吉川通泰
理事　**打田文博**
國分正明
**内田智**ほか

**㈱メディア・ミックス**
**㈱ベストオンアース**
（平成31年2月社名変更）
創業者　福田富昭
社長　**高橋恒雄**

**神道政治連盟**
会長　**打田文博**
副会長　加藤治樹ほか
事務局長　小間澤肇

**㈱ディンプル・インターナショナル**
社長　**高橋恒雄**

**神社新報社**
取締役社長　高山亨
編集局長　大中陽介

**著者紹介**

藤原　登（ふじわら　のぼる）
昭和２８年、東京に生まれる。
昭和５２年、専門学校卒業後、広告代理店勤務の傍ら、独学で歴史、宗教、哲学を学ぶ。現在は同人誌を中心に寄稿している。

**責任編集**

月刊レコンキスタ編集部
〒161-0033　東京都新宿区下落合1-2-5
第23鈴木総合ビル2階

神社本庁は原点に立ち戻れ

2021年7月8日　初版第1刷発行

著　者　藤原　登・レコンキスタ編集部
発行者　唐澤明義
発行所　株式会社　展望社
〒112-0002
東京都文京区小石川3丁目1番7号エコービル202号
電話　03-3814-1997　FAX　03-3814-3063
振替　00180-3-396248
展望社ホームページ　URL：www.tembo-books.jp
印刷・製本　フコク印刷工業有限会社


ISBN978-4-88546-400-3